그러니까,
철학이
필요해!

따뜻한 지혜, 인문 Pick! ①
그러니까, 철학이 필요해!

글 샤론 케이 | 그림 박재현 | 옮김 조연진

펴낸날 2023년 6월 15일
펴낸이 김주한 | 책임편집 조연진 | 책임마케팅 김민석 | 책임홍보 옥정연 | 디자인 진보라
펴낸곳 픽 | 출판등록 제406-251002015000039호
제조국 대한민국 | 사용연령 8세 이상
주소 (10881) 경기도 파주시 회동길 471(문발동) 몽스패밀리Bd. 301호, 302호

ISBN 979-11-92182-61-2 44100
ISBN 979-11-92182-60-5 44080(세트)

Peak을 향한 Pick_픽은 <잇츠북>의 교양서 브랜드입니다.

The Philosophy Book for Beginners by Dr. Sharon Kaye
Copyright ⓒ 2021 by Rockridge Press, Emeryville, California
First Published in English by Rockridge Press, an imprint of Callisto Media, Inc.

Korean translation copyright ⓒ 2023 It's Book Publishing Co.
This Korean translation is published by arrangement with Callisto Media Inc. through Greenbook Literary Agency.

그러니까, 철학이 필요해!

샤론 케이 글
박재현 그림
조연진 옮김

생각하는
힘을
선물하다

픽

우리는 모두 철학자

독자 여러분에게.

이 책을 펼친 여러분에게 감사의 인사를 전합니다.

지금부터 중요한 이야기를 할게요. 지금까지 여러분의 삶은 꿈이었어

요. 여러분의 기억은 모두 거짓이고, 주위에 실제로 존재하는 것은 아

무것도 없어요. 여러분의 몸도 환상이에요. 여러분은 자신이 정말로 누

구인지, 어디에 있는지 전혀 몰라요. 하지만 여러분에게는 완수해야 할

임무가 있어요. 흠, 그래요. 전부 농담이에요!

하지만⋯⋯. 농담이 아닐 수도 있어요. 얼마든지 가능한 시나리오예요.

'무슨 소리야?' 할지도 모르지만 잘 들여다보면 이 시나리오는

몇 가지 매우 중요한 질문을 던지고 있어요.

'무엇이 진정한 현실일까? 나는 어떻게 아는가? 내 인생은 미리 정해진

것인가? 나는 누구일까? 나는 무엇을 해야 할까?'

이런 질문에 대해 잠시라도 진지하게 생각해 본 적이 있다면,

여러분은 이미 철학자예요!

철학? 왜 철학을 해야 할까?

철학을 뜻하는 영어 단어 'Philosophy'는 '지혜에 대한 사랑'이라는 뜻의 그리스어에서 왔어요. 아득한 먼 옛날, 인류가 자신을 둘러싼 세상에 대하여 궁금해했을 때, 자신의 경험을 이론으로 설명하려고 했을 때부터 철학자는 존재했어요. 하지만 철학이 분명한 발전을 이룬 건 고대 그리스에 이르러서예요.

기원전 5세기경 그리스의 아테네에 살았던 소크라테스는 아테네가 최초로 민주주의를 이루었다는 사실에 자부심이 느꼈어요. 하지만 사람들이 나라를 스스로 다스리려면 '지혜'가 필요했어요. 소크라테스는 아테네의 권위 있는 사람들과 이야기를 나눈 끝에, 그들이 스스로 주장하는 것만큼 지혜롭지 않다는 사실을 알게 되었어요. 그들은 '지혜롭기'보다는 '지혜로워 보이기'에 더 관심이 많았죠.

소크라테스는 자기 자신이 아테네에서 가장 현명한 사람이라는 결론을 내릴 수밖에 없었어요. 자신만이 현명하지 않다는 사실을 기꺼이 받아들이려 했기 때문이에요. 아테네의 젊은 사람들은 소크라테스에게 환호했지만, 기존의 사회 지도자들은 이런 인기를 누리지 못했어요. 소크라테스를 시기한 사람들은 젊은 사람들의 생각을 더럽히고 신을 믿지 않는다는 죄목으로 소크라테스를 감옥에 가두었어요. 도망치라는 친구들의 권유에도 끝내 소크라테스는 사형 선고를 받아들였어요. 여러분도 한 번쯤은 들어 본 얘기일 거예요.

이 일이 철학의 발전을 막았을까요? 다행스럽게도 그렇지 않았어요. 오히려 반대의 효과를 가져왔죠. 소크라테스를 따르던 사람들은 그의 사형이 집행되자 큰 충격을 받고는 '아카데미'라는 학교를 세웠어요. 아카데미에서는 남성과 여성이 모두 질문을 던지고 문제를 제기할 수 있었어요. 자유롭게 토론하며 저마다 자신의 생각과 의견을 제시했답니다. 아카데미는 인류가 공식적으로 지혜를 추구한 최초의 대학이에요.

우리에게 지혜가 필요한 이유

아카데미가 세워진 지 2000년이 넘는 시간이 흘렀고, 그간 우리 사회는 많은 발전을 이루었어요. 하지만 우리에게는 아직 해결해야 할 일이 많아요. 예를 들면 이미 폐지된 노예 제도가 여전히 어디선가 비슷하게 이어지고 있지 않나요? 그렇다면 철학은 어떻게 우리와 우리 사회를 도울 수 있을까요?

• 철학은 다양한 문화를 아우르는 토대를 제공한다.

우리는 저마다 다른 생각과 문화적 배경을 가진 사람들과 어울려 살아가야 해요. 소크라테스가 그랬듯 지혜롭고 현명한 사람이 되는 첫걸음은, 자기 자신이 아는 바가 그리 많지 않다는 사실을 인정하는 거예요. 우리는 철학을 통하여 서로 다른 관점을 존중하고, 함께 진실을 추구해 나가는 단단한 토대를 이룰 수 있어요.

- 철학은 신념을 표현할 수 있도록 도와준다.

깊은 성찰을 통하여 얻은 지혜, 그리고 내가 믿는 바를 표현한다는 건 용기 있고 가치 있는 일이에요. 이 책에 나온 철학자들의 이야기가 여러분 자신의 철학을 꺼내어 표현하도록 도와줄 거예요.

- 철학은 듣기를 잘할 수 있게 해 준다.

우리는 훌륭한 토론 상대가 될 수 있어요. 무술의 세계에서는 자신에게 도전하여 실력을 향상시켜 준 적수에게 감사를 표한다고 해요. 철학의 세계에서도 그렇게 할 수 있어요. 우리의 생각은 서로 의견을 주고받는 가운데 더욱 깊어질 거예요.

놀랄 만한 기술의 진보가 이루어진 이 시대에 우리가 가진 인간성을 발전시켜 나갈지, 퇴보할지는 여러분 손에 달렸어요. 협력을 통하여 더 좋은 사회를 일궈 나갈 여러분에게는 철학이 꼭 필요해요.

이 책에서 다룰 내용들

철학에 다가서려면 알아야 하는 용어들이 있어요. 좀 낯설고 어려울 수도 있어요. 잘 모르겠다면 일단은 그냥 넘어가도 좋아요.

이 책의 내용은 다음의 질문들과 관련이 있어요.

무엇이 실재하는가?(형이상학)

앎이란 무엇인가?(인식론)

대부분의 철학은 서로 연관되어 있어요. 하지만 논리학은 따로 공부하는 게 좋을 것 같아요. 논리학은 '생각의 뼈대'라기보다는 '생각의 기술'에 더 가깝기 때문이에요. 그래도 중요한 논리적 원칙은 종종 언급할게요.

철학이 신학과 같지 않다는 점도 기억해 두면 좋겠어요. 철학과 신학은 모두 신과 믿음과 삶의 의미를 다루어요. 하지만 신학은 믿음을 전제로 하고, 철학은 그 믿음에 대해 의문을 제기한다는 점에서 다르죠.

각 장 끝에는 '생각 실험'을 준비했어요. 철학자에게는 따로 실험실이 필요 없어요. 상상력만 있으면 충분하니까요. 생각 실험에서는 가상의 상황이 나와요. 상상은 꼭 현실 그대로일 필요가 없어요. 알베르트 아인슈타인은 16살에 '우리가 빛의 속도로 달릴 수 있다면 빛줄기가 어떻게 보일까?'라는 상상을 했다고 해요. 그 상상을 바탕으로 상대성 이론을 발견할 수 있었고요. 우리도 생각 실험을 통하여 틀을 깨고 새롭게 생각하는 법을 익혀 보아요.

사페레 아우데(Sapere aude)! '과감하게 현명해져라!'라는 라틴어예요. '두려워하지 말고 용기를 내어 알라.'라는 뜻이죠. 뛰어난 철학자의 어깨 위에 올라서면 멀리 내다볼 수 있어요. 그렇게 해서 여러분 자신만의 철학을 발견해 보세요!

1부
실제로 존재하는 것

형이상학은 무엇이 실제로 존재하는지, 진정한 현실이 무엇인지를 탐구하는 철학의 한 갈래예요. 좋은 철학자는 사람들을 놀라게 하려고 유별난 생각을 내놓지 않아요. 좋은 철학자는 우리가 무엇을 믿어야 할지를 탐색하고, 삶에 대한 중요한 질문들에 합리적인 답을 하려고 애쓴답니다.

어릴 적에 친구와 풀밭 위에 누워 파란 하늘을 둥둥 떠다니는 구름을 바라보곤 했어요. 그런데 어느 날엔가 친구가 말하기를 구름이 붉게 보인다는 거였어요! 우리 둘 다 구름을 '하얗다'고 하라고 배웠어요. 하지만 그렇다고 우리가 구름을 모두 똑같은 색깔로 봐야 하는 건 아니었어요. 우리가 보는 색깔은 저마다 다를 수도 있어요. 빨간 구름을 본 날, 나는 궁금해졌어요. 다른 사람도 나와 똑같이 세상을 바라볼까요?

삶에 대한 질문 가운데 여러분에게 가장 중요한 것은 무엇인가요? 여기에 나오는 철학자들의 생각을 읽어 나가면서 삶에서 무엇이 중요한지 생각해 보세요. 그리고 누구의 이야기가 가장 설득력이 있는지도 한번 생각해 보세요.

1장. 무엇이 진짜일까?

물리학에서는 우주가 '원자'라는 아주아주 작은 입자로 이루어져 있다고 설명해요. 이제 사람들은 원자가 어떤 모습인지도 알아요. '세상은 원자로 이루어져 있고, 원자로 이루어진 세상이 진짜다.' 이야기 끝!

하지만 이런 설명은 철학자에게는 충분하지 않아요. 철학자에게 원자란 이야기의 '끝'이 아니라 '시작'일 뿐이거든요. 원자가 존재한다는 사실은 이런 질문들을 하게 해요. '원자는 어디에서 왔을까? 왜 그런 상태일까? 우리처럼 복잡한 존재를 단지 원자로 설명할 수 있을까? 아니면 원자를 넘어서는 무언가가 필요할까? 원자가 진짜처럼 보이긴 하는데, 정말로 존재하는 걸까?'

삶에 대한 질문을 던지다 보면 결국 우리가 살아가는 물리적 세계에 대하여 생각하게 되죠.

깨달음을 통하여
실재를 경험할 수 있다

✦

아디 샹카라의 생각

혹시 이런 질문을 해 보았나요? 왜 나는 다른 삶이 아니라 '이 삶'을 살게 되었을까? 왜 나는 '이 몸'을 가지고 '이 집'에서 태어나 다른 곳이 아닌 '여기'에서 살고 있을까? 왜 나는 다른 사람보다 더 똑똑하고 강인하고 부유하고 아름다울 수 없을까? 내 삶의 환경을 결정짓는 건 단지 운일까?

힌두교에 따르면 모든 건 운이 아니라 카르마 때문이에요. '카르마'는 좋은 행동이 보상을, 나쁜 행동이 징벌을 가져온다는 자연의 법칙을 말해요. 만약 이번 주에 선행을 베풀면 다음 주에 좋은 친구를 사귀게 되고, 오늘 누군가에게 상처를 주면 내일 몸이 아픈 게 카르마예요.

힌두교에서는 태어날 때 삶의 대부분이 정해진 건 전생이 있어서라고 여겨요. 이전 생에 어떻게 살았느냐에 따라 다음 생에 어떻게 살게 될지가 정해져요. 불평등하더라도 그게 카르마의 법칙이에요. 그래서 우리는 좋은 삶을 살아야 해요. 그래야 다음 생에 더 좋은 조건과 환경에서 태어날 테니까요. 인간의 영혼이 죽지 않고 다시 태어나 계속해서 다른 육체를 거치는 것을 '환생'이라고 해요. 그렇다면 궁금해지지 않나요? 어떻게 해야 좋은 삶을 사는 걸까요?

8세기에 살았던 인도의 철학자 아디 샹카라는 눈에 보이는 물질적인 세계에만 집중하면 카르마의 수레바퀴 아래쪽으로 가게 된다고 했어요. 물질에 현혹되면 그것을 얻기 위해 나쁜 행동을 하게 되는데, 그 때문에 이번 생에도 다음 생에도 고통을 겪는다고 했죠.

반대로 수레바퀴 위쪽으로 가려면 과감히 물질적인 세계를 거부하고 오직 '브라만'을 믿어야 한다고 했어요. '브라만'은 신은 아니에요. 신에 대한 숭배는 물질에 대한 유혹을 뿌리칠 수 있게 도와줘요. 하지만 모든 신은 결국 물질 세계를 투영해요. 물리적 세계를 완전히 벗어나려면 영원히 절대적인 그 무언가를 받아들여야 하는데, 그게 바로 브라만이에요. 샹카라는 브라만을 일컬어 '아무 형체가 없으며, 그래서 우리 인간이 이해할 수 있는 바를 넘어선 것'이라고 했어요.

브라만을 믿거나 경험하기 위하여 꼭 그것을 이해할 필요는 없어요. 어떤 행동을 하기보다는 시간을 들여 명상을 거듭해야 브라만으로 향할 수 있죠. 그러다가 마침내 현실의 비물질적이고 무형적인 본질을 이해하면 깨달음이 찾아오는데, 이를 '해탈(열반)'이라고 해요. 해탈을 통하여 브라만이 실재하며 우리가 브라만과 함께한다는 것을 경험할 수 있게 돼요.

아디 샹카라는 동양 철학 즉, 아시아에서 시작된 지혜의 개념에 지대한 영향을 끼쳤어요. 그래서 사람들은 종종 그를 플라톤에 견주곤 해요. 플라톤이 유럽에서 시작된 서양 철학에서 가장 영향력 있는 사람이기 때문이에요.

완벽한 형상만이
실재한다

플라톤의 생각

'완벽하다'의 예시를 주변에서 한번 찾아볼래요? 아마 찾기 어려울 거예요. 아무리 예쁜 꽃도 자세히 들여다보면 흠이 있기 마련이니까요. 이세상에 이토록 흠이 많다는 건 그리 놀랍지 않아요. 정말로 놀라운 건, 이처럼 온통 완벽하지 않은 것들로 둘러싸여 있는데도 우리가 '완벽함'이 무엇인지 알 수 있다는 거예요.

기원전 4세기경에 살았던 플라톤은 이런 의문을 품었어요.

'이 세상에서 우리가 접한 삼각형은 모두 완벽하지 않은데, 어떻게 정신의 눈으로 완벽한 삼각형을 알아볼 수 있을까? 완벽하게 똑같은 두 사물을 본 적이 없는 우리가 어떻게 완벽하게 똑같다는 것을 인지할 수 있을까?'

우리가 살아가는 이 세상은 그저 진짜 현실을 어렴풋하게 반영한 것인지도 몰라요. 마치 그림자처럼 말이에요. 플라톤이 보기에는 그랬어요.

플라톤은 소크라테스를 무척 존경한 제자로 아카데미를 세운 철학자예요. 전해지는 바로는 아카데미 입구에 이런 문구를 새겨 놓았다고 해요. '수학을 소홀히 여기는 자는 이곳에 들어올 수 없다.'

플라톤은 수학을 사랑했어요. 수학은 완벽했거든요. 수학은 사물의 이상적인 형태를 잡아낼 수 있어요. 수학 공식을 이용하여 다리를 설계한 뒤에 실제로 그 다리를 세우면, 완벽하게 들어맞지는 않아도 공식을 반영한 결과물을 얻을 수 있죠.

또한 수학은 우리의 정신이 이상적인 것, 완벽한 것을 알아챌 수 있다는 증거예요. 수학 공식을 이해하려면 처음에는 혼란스러워요. 하지만 생각하고 또 생각하고 그림으로 그려 보고 숫자를 대입하다 보면 마침내 이 공식이 '진실이어야 한다'는 사실을 깨닫게 돼요. 아하!

플라톤은 이런 '아하!'의 순간을 중요한 단서로 여겼어요. 진실을 발견하면 마치 길에서 오랜 친구를 우연히 만나는 것처럼 익숙하게 느껴져요. "아하!"라는 말은 "어이, 친구! 몰라볼 뻔했는걸."라는 말과 같아요. 우리 몸의 눈이 오랜 친구를 알아보는 것처럼 우리 정신의 눈은 진실을 알아보죠. 우리의 이런 능력은 인간의 정신이 물리적인 세계를 벗어나 독립적으로 존재한다는 증거예요. 우리의 영혼은 물리적 세계를 넘어선 현실에 접근할 수 있어요.

플라톤은 '환생'의 이론을 이용하여 우리의 영혼이 과거의 삶을 거쳐 왔다고 주장했어요. 하지만 그 삶은 물리적인 세계가 아니라 완벽한 형상들로 이루어진 비물리적인 세계에서의 삶이에요. 플라톤에 의하면 '형

상의 세계'는 실제 세계가 아니고 사색이나 명상을 통하여 인간 정신이 이룰 수 있는 어떤 상태를 말해요.

플라톤은 사물의 완벽한 형상만이 실재한다고 생각했어요. 우리 주변에 존재하는 불완전한 것들은 이러한 '영원하고 변하지 않는 이상'을 반영하며 그림자처럼 존재할 뿐이에요.

물리적인 세계가
실재한다

아리스토텔레스의 생각

플라톤이 아카데미에서 가르친 제자 가운데 가장 유명한 사람은 아리스토텔레스예요. 아리스토텔레스는 모든 면에서 플라톤과 의견이 달랐어요.

그는 완벽함에는 별 관심이 없었어요. 그보다는 세상이 돌아가는 방식을 이해하고 싶었죠. 예를 들어 성장은 어떻게 이루어질까요? 막 태어난 강아지는 손바닥 안에 들어갈 정도로 쪼끄마한데 6개월쯤 지나면 들어 올리기 어려울 만큼 덩치가 커지잖아요. 매일 음식과 물을 섭취할 뿐인데 어떻게 이런 일이 가능할까요? 또, 강아지는 왜 나무가 되지 않죠? 강아지는 이리저리 움직이는데 왜 나무는 그럴 수 없을까요?

아리스토텔레스는 이런 질문들을 처음 던진 사람 중 하나였어요. 오늘날 우리는 과학, 특히 생물학 덕분에 이에 대한 답을 대부분 알고 있어요. 사실 아리스토텔레스는 뼛속 깊이 과학자였어요. 그는 실험실을 가지고 있었고, 그곳에서 표본을 모아 직접 해부하고 분석하고 관찰한 뒤에 종을 분류했어요.

아리스토텔레스는 하나하나의 사물이 어떻게 작동하는지 밝히는 것에 만족하지 않고, 모든 사물에 적용되는 원리를 이해하여 온 우주가 어떻게 작동하는지 큰 그림을 그리고 싶었어요. 그래서 모든 사물이 존재하는 이유를 다음과 같이 설명하려고 했죠.

먼저 사물은 재료로 존재해요. 눈동자의 재료는 피부와 살이에요. 또, 사물은 그 사물에게 가장 적합한 이상적인 형태로 존재해요. 이상적인 눈동자는 눈동자의 기능을 가장 잘하는 구조를 하고 있어요. 또한, 사물은 그 사물을 움직이는 힘에 의해 존재해요. 우리의 눈동자가 존재하는 이유는 눈동자를 움직이는 우리가 있기 때문이에요. 마지막으로 사물은 그 사물이 존재해야 하는 궁극적인 이유를 가지고 있어요. 눈동자가 존재하는 이유는 다름 아닌 보기 위해서예요. 눈동자로 다른 일을 할 수도 있겠지만, 그건 '눈동자'라는 사물을 제대로 설명하지 못해요.

아리스토텔레스는 원래 동물을 설명하기 위해 이 이론을 만들었어요. 그래서 이 이론은 동물에게 적용했을 때 가장 잘 들어맞아요. 하지만 그는 더 나아가 모든 사물을 이런 식으로 설명하려고 했어요. 아리스토텔레스의 생각은 플라톤의 생각과는 정반대예요. 아리스토텔레스에게는 물리적인 세계가 실재하는 것이었기 때문이에요.

물리적인 세계만이
실재한다

마가릿 캐번디시의 생각

아리스토텔레스는 물리적인 세계가 진실이라고 분명하게 말했지만, 그 세계만이 현실이라고 분명하게 가리키지는 않았어요. 플라톤과 아디 샹카라는 영혼을 믿었는데, 영혼은 어디에 속할까요? 신이나 천국은요? 눈에 보이는 주변의 것을 넘어서서 영원히 존재하는 그 무언가는 어디에 속하는 걸까요? 현실이 물질적이면서 비물질일 수도 있을까요? 아리스 토텔레스는 그럴 수도 있다는 여지를 두었지만, 17세기 영국의 철학자 마 가릿 캐번디시는 대담하게도 오직 물리적인 세계만이 실재한다고 주장 했어요. 이런 주장을 '유물론'이라고 해요.

그녀의 주장은 두 가지 이유로 반대에 부딪혔어요. 일단 20세기가 되 기 전에 여성이 철학자가 된다는 건 무척 어려운 일이었어요. 여성은 보 통 교육을 받거나 도서관에 출입할 수 없었어요. 캐번디시는 철학의 역 사에서 매우 드물게 나타난 여성의 목소리예요. 둘째로 그녀는 대단히 엄격한 기독교 문화에 속했어요. 기독교에서 말하는 천사나 천국은 물

질 세계와는 거리가 멀죠. 그래서 아무 문제를 일으키지 않고 기독교에 대항하여 이런 주장을 펼치기란 어려운 일이었어요. 캐번디시는 자신의 종교적 믿음을 고려하여 신중하게 주장을 펼쳤지만, 종교를 제외하면 오직 물질만을 중요하게 여겼어요.

물질은 다양한 방식으로 움직여요. 하지만 가장 미묘한 물질의 움직임은 감지하기가 어려워요. 가령 '생각' 같은 거요. 뇌는 어떻게 생각을 할 수 있을까요? 생각의 힘은 정말 신비로워요. 하지만 캐번디시에게는 생각도 그저 물질이 가진 힘에 불과해서 특별히 신비로울 게 없었어요. 어떤 돌이 철을 끌어당기는 능력을 가진 것처럼, 어떤 살덩이는 인지하고 생각하는 능력을 가졌을 뿐이라는 거죠. 그렇게 할 수 있다는 건 감탄할 만하지만, 캐번디시의 시각에 의하면 그건 완벽하게 자연스럽고 당연한 일이에요.

지각할 때 존재할 수 있다

조지 버클리의 생각

캐번디시는 물질에 있어 미스터리란 없다고 보았지만, 18세기 아일랜드의 철학자인 조지 버클리는 물질이야말로 미스터리의 끝판왕이라고 여겼어요. 그가 보기에 '물질'이라는 개념은 모순으로 가득 차서 파악하기 힘든 것이었어요. 너무나 기이해서 물질이 존재한다는 걸 거부해야 할 정도였죠.

'물질'이 무엇일까요? 유물론자는 우리가 온통 물질에 둘러싸여 살아간다고 말해요. 하지만 버클리의 주장에 따르면 우리가 접하는 건 실제 물질이 아니라 그 물질이 가진 특성일 뿐이에요.

포켓볼 경기를 본 적이 있나요? 이 경기에 사용되는 8번 공은 아무 냄새도 맛도 나지 않으며, 부딪치면 '탁!' 소리가 나요. 작고 매끄럽고 가볍고 둥글고 까만색이죠. 캐번디시 같은 유물론자는 이 공이 이러한 모든 특성이 들어 있는 물질 그 자체라고 말하고 싶을 거예요. 하지만 세밀하게 검토하면 공이 이 특성들을 가졌다고 하기가 어렵다는 사실을 깨닫게 돼요.

공의 색깔이나 냄새, 맛, 소리는 주관적이에요. 공 자체가 가진 특성이라기보다는 그것을 지각하는 사람의 정신 속에 존재하죠. 그래서 사람마다 각기 다를 수 있고요. 버클리는 바로 그 점을 지적했어요.

이 공을 지구에서 멀리 떨어진 행성의 외계인에게 가져간다면 어떨까요? 외계인은 이 공이 분홍색에 맛있는 냄새와 단맛이 나며 아무 소리도 나지 않는 물질이라고 말할 수도 있어요. 이 외계인의 감각 기관은 우리의 것과 다를 테니까요. 누가 맞고 누가 틀릴까요? 객관적으로 맞는 답은 없어요. 색깔, 냄새, 맛, 소리는 모두 그것을 지각하는 사람 속에 있는 것이지, 그 사물에 속한 게 아니기 때문이에요.

누구나 똑같이 지각하는 객관적인 크기나, 질감, 무게, 모양이 있을까요? 버클리는 '그런 건 없다'고 했어요. 작디작은 미생물에게 물어보면 공이 거대하고 거칠고 무겁고 평평하다고 할 거예요. 만약 그보다도 더 작은 생명체가 있다면 그 생명체에게는 공이 딱딱하지도 않고 무리 지어 떠다니는 먼지구름처럼 여겨질 테죠. 그래서 그 사이를 통과할 수 있을지도 모르겠어요. 누가 맞고 그를까요? 다시 한번, 객관적인 답은 없어요. 크기, 질감, 무게,

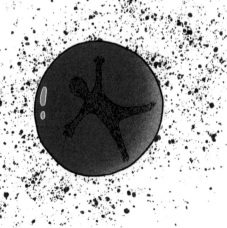

모양, 심지어 단단한 정도까지 사물 자체가 아니라 누가 그것을 지각하느냐에 달려 있어요.

공의 모든 특성이 주관적이라면 우리의 정신과 따로 떨어져서는 아무것도 존재하지 않아요. 그러니 공은 '물질'이 아니고, '지각'이에요. 버클리는 이런 논리를 더 넓게 이 세계 전체에 적용하여 '물리적 세계는 존재하지 않는다'는 결론을 내렸어요. 존재하는 것은 오직 우리 정신뿐이에요. 그는 이런 유명한 말을 남겼어요.

"존재하려면 지각되어야 한다."

그렇다면 우리의 지각은 어디에서 올까요? 버클리는 신앙심이 깊은 사람이어서 이에 대한 대답을 멀리서 찾을 필요가 없었어요. 신, 오직 전지전능한 창조자만이 지각을 창조할 수 있다고 여겼죠.

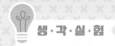

나무가 쓰러졌을 때

<u>18세기 아일랜드의 철학자</u>
<u>조지 버클리의 생각으로부터</u>

숲에서 나무가 쓰러졌어요. 그런데 아무도 들은 사람이 없다면 소리가 난 걸까요? 물질이 존재한다고 여긴 캐번디시라면 '그렇다.'라고 답했을 거예요. 나무가 쓰러지면 진동이 생겨요. 이를 지각할 수 없는 귀가 없어서 '소리'라고 부르지 않는다고 해도 그건 분명한 사실이에요.

하지만 버클리는 '지각'만이 존재한다고 여겼으므로 '아니다.'라고 답했어요. 진동이 진짜가 되려면 그것을 '지각하는 존재'가 있어야 해요. 그런데 만약 신을 '지각하는 누군가'에 넣는다면 신은 나무에서 나는 소리를 들었을 거예요. 신이 들었다면 진동은 실재하는 게 아닐까요?

27

지금 우리는 종교의 자유를 누리며 살아가요. 역사 속에 존재했던 많은 용감한 사람들 덕분이죠. 단 하나의 신을 믿는 사람도, 여러 신을 믿는 사람도, 신을 믿지 않는 사람도 이제는 자신의 선택이 옳다고 증명할 필요가 없어요.

하지만 신을 믿거나 믿지 않는 일이 '선택'이라는 건 잊혀지기 쉬워요. 스스로 종교를 선택할 수 있더라도 환경의 영향을 받는 경우가 많죠. 기독교 집안에서 태어나 자란 사람에게는 신을 믿는 일이 말을 하듯 자연스러울 거예요.

믿음, 종교, 신의 존재에 대하여 여러분은 어떻게 생각하나요? 스스로 선택하기를 바라나요? 다음에 나오는 철학자들의 생각을 한번 살펴보세요.

이토록 멋진 세상을 만들려면
신이 있어야 한다

✚

아베로에스의 생각

숨을 깊이 한번 들이마셔 보세요. 생존하기에 딱 알맞은 공기를 들이마신다는 건 얼마나 놀라운 일인가요! 지구의 모든 환경은 훌륭하게 조화를 이루고 있어요. 태양은 사계절이 있게 하고, 동식물이 자라게 하며, 우리를 포함한 생명체에게 쉼터와 음식물을 제공해요. 이런 멋진 시스템이 단지 우연히 주어진 걸까요? 12세기 아라비아의 철학자인 아베로에스(이븐루시드)는 아니라고 주장했어요.

산을 오르다가 의자처럼 생긴 바위를 발견했다고 생각해 보세요. 이 바위는 우연히 그 자리에 생겼을 수도 있고, 누군가 만들어 놓았을 수도 있어요. 더 가까이 가서 바위의 균형이 잘 맞는지, 크기가 알맞은지, 놓인 위치는 적당한지 살펴보세요. '사람이 앉기에 좋다'는 증거를 많이 찾을수록 여러분은 이 바위가 '앉기 위해서' 일부러 만들어진 거라고 믿게 될 거예요.

마찬가지로 우리가 보기에 이 세상이 잘 설계되어 있을 때, 우리는 마땅히 세상을 설계한 누군가가 있다는 결론을 내릴 수밖에 없어요. 이게 바로 아베로에스의 주장이죠. 아베로에스는 자신의 주장이 과학의 관점과는 다를 수 있다는 점을 인정했어요. 정확히 왜 그런지 알 수 있을 만큼 과학이 발전하기까지는 세월이 더 흘러야 했지만요.

19세기에 영국의 자연과학자 찰스 다윈은 자연 선택에 의한 진화론을 발표했어요. 진화론은 다음 네 가지 원리를 바탕으로 하는 이론이에요.

- ◆ 유기체는 자신을 복제한다.
- ◆ 복제는 작은 변화를 포함하고, 그 변화는 생존에 유익하다.
- ◆ 열악한 환경은 충분한 이점이 없는 복제물을 제거한다.
- ◆ 오랜 시간이 흐르고 세대가 지나면서 작은 변화는 큰 변화를 가져온다.

지구에서 처음 공기를 들이마신 여러 생명체 가운데에는 다른 생명체보다 산소가 더 많이 필요하거나 대기 중의 유해 가스에 민감하게 반응하는 것도 있었을 거예요. 이런 생명체는 당시의 대기 환경에서 다른 생명체와 경쟁하며 사투를 벌이다가 번식에 실패하고는 멸종하고 말았어요. 이와 달리 어떤 생명체는 번창하고 복제되어 다른 부적합한 경쟁자가 사라진 오늘날까지도 존재하는 성공적인 사례가 되었어요. 시행착오를 겪었을지라도 자연에 잘 적응한 덕분이에요. 우리 인류도 그렇죠. 생존하려면 환경에 적응해야만 해요.

신이 과연 이러한 시행착오의 과정을 통하여 자연 세계를 창조했을까요? 물론 그럴 수도 있어요.

하지만 다윈은 어떤 초자연적인 존재의 개입 없이도 자연 세계에서 이런 과정이 진행된다고 했어요. 그래서 신이 존재한다고 추론할 근거는 없다고 주장했죠.

33

신이 처음 움직여
세상을 창조했다

토마스 아퀴나스의 생각

그런데 진화론에 의해 자연 세계가 돌아간다 쳐도 이 과정을 처음 시작한 누군가가 있어야 하지 않을까요? 지구는 태양계에서 적당한 위치에 놓인 덕분에 생명을 창조했고, 태양계는 우주에서 일어난 폭발 덕분에 지금과 같은 시스템을 갖추게 되었어요. 그렇더라도 여전히 폭발을 일으킨 무언가가 있어야 해요. 신이 아니라면 다른 어떤 존재가 이런 일을 할 수 있었을까요? 13세기 이탈리아의 철학자 토마스 아퀴나스는 이런 주장을 했던 대표적인 사람이에요.

모든 존재가 다른 무언가에 의해서 존재하기 때문에 신이 이 세상을 창조했다고 주장하려면 모순에 처하게 돼요. 신을 믿는 사람에게 신은 다른 무언가에 의해서 존재하지 않으니까요! 신은 시작도 끝도 없이 영원히 사라지지 않는 존재예요.

아퀴나스는 이 모순을 이해했어요. 그래서 우주에 시작이 있다는 기독교의 믿음을 받아들이면서도 동시에, 조심스럽게 그렇지 않을 수도 있다고 했죠. 우주가 시작 없이 그냥 영원히 존재할 수도 있다는 거예요. 우주에 시작이 없더라도 우주가 어떻게 움직이게 되었는지를 설명하려면 여전히 신의 존재가 필요하다는 게 아퀴나스의 주장이에요.

아퀴나스는 그 무엇도 스스로 움직일 수 없다고 했어요. 그래서 만약 어떤 존재가 움직이고 있다면 결국 다른 움직이는 존재에 의하여 움직여져야 해요. 또, 그 움직이는 존재가 움직이려면 다른 움직이는 존재가 필요하고요. 이러한 과정이 영원히 지속될 수는 없어요. 그렇게 되면 이 과정 자체가 시작될 수 없으니까요. 그래서 '다른 무언가에 의해 움직여지지 않는 처음 움직이는 존재가 필요하다'는 결론에 이르게 돼요.

이 주장은 '스스로 움직일 수 있는 것은 아무것도 없다.'에 전적으로 달려 있어요. 하지만 앞에 나온 캐번디시의 주장을 떠올려 보세요. '사물은 여러 방식으로 스스로 움직일 수 있는 힘을 가진다'고 했죠. 어느 쪽이 옳을까요?

신은 모든 완벽성을 가진다

메리 아스텔의 생각

아베로에스와 아퀴나스의 주장은 물질적 세계에 대한 사실을 바탕으로 해요. 이를 '경험적(실증적)'이라고 표현해요. 반면에 '합리주의자'라 불리는 철학자들은 지식의 원천으로서 물질적 세계가 빈약하다 여겨요. 그래서 그 대신에 이성과 논리를 바탕으로 주장을 펼치죠.

합리주의자는 삼각형의 본질에 대한 탐구가 수학 공식을 증명한 것처럼, 신의 본질에 대한 탐구로 신의 존재를 증명할 수 있다고 여겨요. 가장 유명한 사람은 12세기의 철학자 성 안셀무스예요. 그는 신을 '더 위대한 것을 생각할 수 없는 존재'라고 정의 내리고, 그래서 신은 인간의 정신에만 존재할 수는 없다고 주장했어요. 만약 신이 정신에서 어떤 개념으로만 존재한다면, 우리는 정신에도 존재하고 실제로도 존재하는 더 위대한 신을 떠올릴 수 있어야 해요. 하지만 신보다 더 위대한 것을 생각할 수 없으니 신은 존재한다는 거죠. 뭔가 좀 이상한가요? 증명해야 할 바로 그것을 전제로 삼아서 그럴 거예요.

영국의 철학자 메리 아스텔은 여기에서 한발 더 나아갔어요. 그녀는 신을 '모든 완벽성 안에서 무한한 존재'라고 정의 내렸어요. '완벽성'은 지혜, 선, 정의, 지능, 힘 등 없는 것보다 있는 게 나은 특성이에요. 우리는 종종 신을 최고의 존재라고 설명해요. 아스텔이라면 '최고'의 뜻이 '아무 제한 없이 모든 완벽성을 지니는 것'이라고 할 거예요. 아스텔은 아래의 추론이 그다음에 나오는 수학적 증명과 닮았다면서, 신을 믿지 않는 사람도 이 추론에 동의해야 한다고 했어요.

1. 신은 아무 제한 없이 모든 완벽성을 가진다.
2. '존재함'도 완벽성에 속한다.
3. 그러므로 신은 아무 제한 없이 존재한다.

1. 모든 수에는 홀수가 포함된다.
2. 3도 홀수다.
3. 그러므로 모든 수에는 3이 포함된다.

논리적으로는 문제가 없어요. 하지만 전제로 삼은 것처럼 과연 존재함이 완벽성일까요? 이는 많은 논란을 불러일으켰어요. 세상에는 존재하지 않는 편이 오히려 더 나은 것도 있잖아요. 또한 '존재함'이 무언가의 특성일 수 있을까요? 그보다는 특성들을 다 담은 그릇이 아닐까요?

우리의 양심은
신이 존재한다는 증거다

클라이브 스테이플스 루이스의 생각

플라톤은 모든 시대를 통틀어 가장 위대한 작품 10위 안에 드는 《국가 (The Republic)》라는 책을 썼어요. 여기에는 유명한 생각 실험이 나오는 데, 어떤 소년이 자신의 모습을 보이지 않게 만들어 주는 반지를 발견했어요. 플라톤은 독자에게 '이 반지로 무엇을 할 것인가?'라는 질문을 던졌어요. 여러분은 어떤가요? 이 반지만 있다면 원하는 것은 무엇이든, 언제든 얻을 수 있을 거라는 환상에 빠졌나요?

하지만 다시 생각해 보세요. 정말 어떤 일이든 하고 싶나요? 아마 아닐 거예요. 대부분의 사람들은 내면의 목소리를 듣고 있어요. 그 목소리가 아무도 지켜보지 않을 때도 나쁜 일을 하지 못하게끔 우리를 막아요. 나쁜 일을 저지르면 이 목소리가 머릿속에서 떠나지 않고 계속 들려와서 잠도 오지 않을 거예요. 이렇게 잠도 못 자면서 나쁜 사람으로 살아가려면 얼마나 괴롭겠어요? 이 모두가 우리에게 양심이 있어서 벌어지는 일이에요.

클라이브 스테이플스 루이스는 20세기 영국의 철학자이자 작가예요.

그는 양심이 신이 존재한다는 증거라고 했어요. 많은 사람이 착하게 살아야 한다고 생각해요. 우리가 우주에서 우연히 일어난 폭발로 그냥 생겨난 존재라면 자기 자신을 심판할 이유가 없지 않을까요? 우리 자신의 행동을 판단하는 기준인 '선함'은 최고의 존재로부터 온 것이어야 해요.

'선하다'의 의미에 대해서는 사람마다 의견이 다를 수 있어요. 어떤 행동을 해도 괜찮은지 아닌지를 따진다는 건 '옳고 그름'이 존재한다는 뜻이에요. 옳고 그름을 가르는 도덕적 기준은 어디에서 올까요?

도덕성을 인류라는 종이 살아남으려고 진화하며 발달한 '무리를 이루려는 본능(군거 본능)'이라고 여기는 사람도 있어요. 부모가 선하다면 자녀가 아이를 낳아 자신이 물려받은 가족의 선한 유전자를 다음 세대로 넘겨줄 수 있어요. 이웃이 선하면 마을 공동체는 적에 대항하여 더 효과적으로 자신들을 보호할 수 있죠. 이런 관점에서 도덕성은 인류에게 큰 이득을 안겨 준 자연적인 적응이에요.

루이스도 인간이나 동물에게 군거 본능이 있다고 생각했어요. 하지만 도덕성이 곧 군거 본능은 아니라고 했어요. 도덕성으로 군거 본능을 심판하는 경우도 있기 때문이죠. 예를 들어 독일의 나치는 함께하며 서로를 보호하고 다른 집단에 맞서 싸우는 군거 본능을 잘 보여 주지만, 우리는 그들이 저지른 짓을 도덕적으로 비난하는 선고를 내렸어요. 우리의 도덕성은 이와 같은 시행착오를 거치며 진화한 군거 본능일까요? 그렇다면 루이스가 말한 '신성한 출처'는 없는 게 아닐까요?

우리의 고통은
신이 없다는 증거다

존 레슬리 맥키의 생각

앞에서 신의 존재에 대한 가장 영향력 있는 네 가지 주장을 살펴보았어요. 무엇이 여러분에게 가장 설득력이 있나요? 와닿는 주장이 없었다고요? 그렇더라도 신이 존재하지 않는다는 뜻은 아니죠. 설사 우리가 증명하지 못하더라도 신은 존재할 수 있어요.

하지만 20세기 호주의 철학자인 존 레슬리 맥키는 신의 존재를 부정하는 주장을 펼쳤어요. 원래는 뒤에서 만나 볼 에피쿠로스라는 철학자가 처음 펼친 주장이에요. 맥키는 이를 더 명확하게 설명했어요. 맥키의 주장은 아주 간단한 의문에서부터 시작해요. 아마 여러분도 이런 의문이든 적이 있을 거예요.

'왜 좋은 사람들에게 나쁜 일이 벌어질까?'

이 복잡한 문제를 전부 다루려면 책 한 권으로는 부족해요. 지금 우리는 범위를 좁혀서 이 세상에 존재하는 악의 종류를 하나로 정하고, 이와 관련된 한 사례를 들어 볼게요. 이웃집의 어떤 아이가 학대를 당하고 있

다고 생각해 보세요. 만약 신이 존재한다면, 이런 일은 일어나서는 안 되

는 게 아닐까요?

1. 신은 전능하다.   2. 신은 전적으로 선하다.   3. 악은 존재한다.

　신을 믿는 사람은 이 세 가지에 모두 동의해야 해요. 하지만 맥키는 이 셋이 논리적으로 모순이며, 오히려 신에 대한 믿음을 비합리적인 것으로 만든다고 주장했어요. 신이 전능하다면 원하는 무슨 일이든 할 수 있고, 신이 전적으로 선하다면 이웃집 아이를 돕기를 원할 테지만 신은 그러지 않았어요. 이웃집 아이의 고통은 신이 없다는 사실을 증명해요.

　어떤 사람들은 이를 '자유 의지'로 설명하기도 해요. 신은 자신처럼 자유 의지를 가진 인간을 창조하려고 했어요. 신이 사람들에게 선택할 수 있는 능력을 주었다면 사람들이 나쁜 선택을 하는 것을 막을 수 없지 않을까요?

　하지만 맥키는 오히려 이런 주장이 신의 전능함의 범위를 좁게 만든다고 했어요. 신이 정말로 전능하다면 인간을 더 강하고 똑똑하게 만들었을 거예요. 그래서 사람들은 대부분 악을 선택하지 않을 거고요. 만약 이웃집 아이를 학대한 사람이 정신적으로 문제가 있다면, 이 사람이 자신의 의지로 이런 행동을 자유롭게 선택했다는 게 정확한 표현일까요? 신이 진실로 전능한 존재라면 왜 인간이 더 나은 선택을 하기 어렵게 만들었을까요?

　이웃집 아이의 고통에서도 좋은 점을 끌어낼 수 있을까요? 신을 믿지 않는 사람은 그렇지 않을 거라고 생각할 거예요. 신을 믿는 사람이라면 그럴 거라고 희망을 품겠죠.

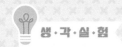

보이지 않는 정원사

20세기 영국의 철학자 존 위즈덤의 생각으로부터

옛날옛적에 한 공터 앞에서 두 사람이 이렇게 말했어요.

"봐! 여기에 꽃들이 피었어. 누군가가 이 공터를 돌보고 있는 것 같아."

"아니야. 여기 무성한 잡초들을 보라고. 아무도 이곳을 돌보고 있지 않아."

생각이 달랐던 두 사람은 매일 앉아서 공터를 지켜보기로 했어요. 며칠이

지나도 아무도 보이지 않자, 한 사람은 틀림없이 정원사가 밤에 올 거라고

했어요. 텐트를 치고 밤새 지켜보아도 아무도 나타나지 않자, 다시 말하기

를 이 정원사는 눈에 보이지 않는다는 거였어요. 다른 사람이 못마땅해

하며 말했어요.

"보이지 않는 정원사가 있는 거랑 정원사가 없는 거랑 대체 무슨 차이가

있어?"

신은 보이지 않는 정원사와 같은 걸까요? 신을 믿는 사람은 신이 이 세상에

훌륭한 일을 많이 가져온다고 말해요. 하지만 우리는 신을 볼 수 없어요. 이

세상에는 잡초처럼 별로 훌륭하지 않은 일도 많죠. 잡초를 가꾸려고 정원사

가 필요한 사람은 없을 거예요. 그럼 꽃을 피우기 위해 정원사가 필요한 걸

까요? 이 세상에 훌륭한 것들이 존재하려면 신이 있어야 할까요?

3장. 나는 누구일까?

거울을 한번 들여다보세요. 무엇이 보이나요? 눈, 코, 입, 몸통, 팔과 다리? 눈동자 속에서 영혼을 보았다고 한 사람도 있나요?

과학은 우리 몸이 10년 전과 완전히 다른 세포로 이루어졌음을 밝혀냈어요. 뇌세포 가운데 우리와 평생 함께하는 건 소수일 뿐이라는 사실도 밝혀졌죠. 이렇게 적은 수의 뇌세포가 태어나서 죽을 때까지 우리를 같은 사람이게 할 수 있을까요?

우리는 몇 년에 걸쳐서 계속 변해 왔어요. 내가 지금까지 계속해서 변해 왔다면 나는 여러 다른 사람들이 합쳐진 존재일까요?

'나는 누구일까?'라는 질문은 중요해요. 결국 '내가 어떤 삶을 선택할지'에 영향을 주기 때문이에요.

나는
우주의 신성한 조각이다

키프로스의 제논의 생각

오늘날 많은 사람이 스토아 철학(Stoic)을 따르고 있어요. 불평 없이 고통을 잘 견디는 사람을 묘사할 때 사용되곤 하는 '스토익(stoic)'이라는 단어는 아직 기독교가 생기기도 전인 아주 먼 옛날, 지중해 연안 지역에서 약 600년 동안 번성한 학파로부터 왔어요.

키프로스의 제논은 기원전 3세기경 그리스의 철학자이자, 스토아 학파의 창시자예요. 그는 모든 것이 물질과 '영'으로 이루어져 있다고 믿었어요. 우주 곳곳에 스며 있는 '영'은 우주를 조직하고 성장하고 움직이게 해요. 스토아 철학자들은 이를 '영혼'이라고 불렀어요. 하지만 우리가 아는 영혼과 달리 실체가 있어요. '영'은 불과 공기가 합쳐진 것이죠. 스토아 철학자들에게 우리 주변의 세상은 모두 현실이고, 정신적이거나 추상적인 영역은 존재하지 않아요.

제논은 신을 믿었어요. 신을 '제우스'라고 불렀지만, 그리스 신화 속에서 번개를 내리치는 그 제우스는 아니에요. 제논에게 신은 '영'이었어요.

우주의 생명력이자, 이 세계의 영혼이죠. 제논은 우주를 하나의 살아 있는 연합체라고 생각했어요. 우리 한 사람 한 사람을 포함하여 모든 것은 우주를 이루는 신성한 조각이에요.

불타는 통나무를 떠올려 보세요. 신은 불이고, 우리 몸은 통나무예요. 신은 우리 안에 있고 따로 떨어질 수 없어요. 신은 우리에게 빛과 열을 주어요. 신은 다른 차원의 세계에 존재하며, 식물을 자라게 하고 동물을 움직이게 하며 인간이 생각할 수 있게 하는 힘이에요.

인간의 생각은 이성이에요. 이성은 가장 순수한 신성의 표현이죠. 제논은 이를 '로고스'라고 부르며 우주 최고의 법칙이라고 했어요. 모든 것은 로고스에 맞게 존재하고 행동해야 해요. 제논에게 행복한 삶이란 로고스를 받아들이고 그에 저항하지 않는 것이었어요.

제논은 이를 더 잘 설명하기 위해 움직이는 마차에 묶인 개 이야기를 했어요. 마차를 기꺼이 따라간다면 개는 끌려간다고 인지하지 못한 채로

마차를 따라서 움직일 거예요. 하지만 이를 거부한다면 개는 어쩔 수 없이 끌려가듯 마차를 따라가면서 불행해질 거예요.

제논은 "행복은 삶의 좋은 흐름이다."라고 했어요. 이 말은 우리 자신의 의지로 로고스에 순응하려고 노력해야 한다는 뜻이에요. 나쁜 일이 벌어지면 보통은 감정적으로 반응하게 돼요. 제논에 따르자면 이런 반응은 동물의 단계로 자신을 끌어내리는 일과 같아요. 그저 움직일 뿐, 생각은 하지 않는 동물 말이에요. 하지만 우리는 이성으로 그저 그 일이 벌어졌을 뿐이라고 이해할 수 있어요. 그 자체로 나쁘거나 좋은 일은 세상에 없다고요.

스토아 철학에서 말하는 '사람'은 겸손하며, 동시에 진취적이에요. 우리는 보이는 그대로 그저 한 명의 개인에 불과하지 않아요. 우리는 세계의 영혼을 이루는 한 부분이자, 신을 이루는 한 부분이니까요.

나는 나 자신을 창조한다

시몬 드 보부아르의 생각

실존주의만큼 스토아 철학과 딱 반대인 관점도 없을 거예요. 실존주의는 200년도 채 되지 않은 비교적 새로운 생각이에요. 누가 시작했는지 명확하지 않고, 하나의 학파로 통합되지도 않았죠. 사실 실존주의자들은 '실존주의자'가 되기를 거부해요! 실존주의 자체가 철저하게 한 개인이 되는 것이기 때문이에요. 자기 존재를 규명하고 자신만의 의미를 창조하기 위해서죠.

20세기 프랑스의 철학자 시몬 드 보부아르는 실존주의에서 중요한 인물이에요. 그녀는 초창기의 여성주의 운동(페미니즘)에 큰 영향을 미쳤어요. 1949년에 출간된 《두 번째 성》이라는 그녀의 책은 역사 속에서 여성에 대한 부당함의 흔적을 찾아 밝히는 내용이었어요.

보부아르는 그 사람이 속한 사회에 의해 '내가 누구인지'의 많은 부분이 결정된다고 지적했어요. 머리 스타일, 화장법, 옷, 신발, 심지어 표정이나 생각도 사회에서 기대한다고 느끼는 바를 따라서 정해져요. 여러분은 이렇게 말할지도 몰라요. "그렇지 않아. 나는 내가 원하는 대로 선택해!" 정말 그럴까요? 내일 당장 우스꽝스러운 옷을 입고 집을 나서 보세요. 늘 하던 방식에서 벗어나 세상을 바라보고 행동하면서 하루를 보낼 수 있을까요? 아마 그러고 싶지 않을 거예요. '내가 원하는 것'이 나와 성별, 종교, 경제 상황, 계층 등이 같은 수많은 다른 사람의 바람과 얼마나 닮아 있는지 생각해 보세요. 우리 앞에는 우리가 속한 사회가 엄격하게 정해 놓은 매우 좁은 선택 사항이 놓여 있어요.

남성과 여성 모두에게 사회에서 각각 기대하는 바가 있지만, 보부아르는 여성에게 관심이 있었어요. 그녀는 이런 유명한 말을 했어요. "여성으로 태어나는 게 아니라 여성이 되어 가는 것이다." 이 말은 여성스러운 행동이나 외모에 생물학적인 근거가 없다는 뜻이에요. 보부아르가 보기에 '여성성'은 사회에서 여성을 남성보다 약하고 불완전한 존재로 보이게 만드는 나쁜 것이었어요.

보부아르는 우리가 진실하지 않은 삶을 깨닫고, 거기에서 벗어나 진정한 우리 자신이 될 수 있다고 믿었어요. 진실성은 한순간의 변화가 아니라 지속적인 도전이에요. 우리는 매순간 의식적으로 자기 자신이 되는 선택을 해야 해요.

실존주의의 밝은 측면은 무엇이든 가능하다는 거예요. 우리는 우리 자신만의 삶을 창조할 수 있어요. 실존주의에는 어두운 측면도 있는데, 우리는 스스로 창조한 것의 책임을 오직 혼자서 견뎌야 해요.

나는 나의 뇌와 같다

대니얼 데닛의 생각

대니얼 데닛은 오늘날 가장 주목받는 미국의 철학자 중 하나예요. 그는 실존주의자들이 거부한 생물학적 설명을 강하게 지지하고, 모든 사실을 물질적인 사실로 바꿔 설명할 수 있다고 믿었어요. 특히 우리가 누구인지도 뇌를 포함한 신체와 관련된 사실로 가장 정확하고 간단하게 이해할 수 있다고 주장했죠.

데닛에게 '나는 누구인가?'는 잘못된 질문이에요. 마치 우리 몸을 넘어서서 정체를 밝혀야 할 다른 무언가가 있다는 것처럼 들리니까요. 데닛의 시각에서 그런 건 없어요. 우리가 생각하는 주관적인 '나 자신'은 환상이에요.

데닛은 다윈의 진화론이 인간을 포함한 모든 생명체의 본질을 설명한다고 보았어요. 우리 인류는 자아 개념이 없는 다른 동물들처럼 수백만 년에 걸쳐 진화해 왔어요. 고양이는 자신이 누구인지 궁금해하지 않아요. 거울에 비친 자기 자신을 몰라보기도 하고요. 고양이의 뇌는 환경에 대한 본능적인 반응을 별다른 생각 없이 처리할 수 있어요.

우리 인간의 뇌가 다른 동물의 뇌와 다르게 적응한 것은 언어예요. 언어가 있어서 우리는 다른 사물에 이름을 붙이거나 그 사물을 묘사할 수 있어요. 그 덕분에 그 사물이 우리에게 중요한 것이 될 수 있죠. 돈은 인간에게만 중요해요. 고양이에게 돈다발은 그냥 장애물일 뿐이에요.

인간은 자기 자신에 대해서도 이름을 붙이고 묘사할 수 있어요. 서로 연결되지 않고 목적 없이 흩어져 있는 환경에 대한 본능적 반응들을 통합할 수 있는 건, 이러한 능력 덕분이에요. 삶에 대하여 생각하고 그에 대하여 이야기할 때 우리는 우리 자신을 창조하는 것과 같아요.

보부아르라면 '내가 창조한 나'를 진짜라고 할 거예요. 목표를 선택할 수 있는 능력을 지녔으니까요. 하지만 데닛에게 '내가 창조한 나'는 진짜가 아니에요. 나의 목표는 이미 생물학적인 설정에 의하여 완벽하게 정해졌고, 나에 대한 모든 사실은 몸과 뇌에 대한 사실로 설명할 수 있어요. 이게 아닌 다른 걸 선택하여 나 자신을 드러내려고 고민했더라도 나의 선택은 진짜가 아니에요. 물론 뭔가를 선택할 수 있다는 이야기는 여전히 의미가 있지만요.

그런데 잠깐, 이야기는 누가 하는 걸까요? 자기 자신에 대한 이야기를 시작하려면 결국 '나 자신'이 있어야 하지 않을까요?

데닛의 시각에서 이에 대한 답은 '아니다.'예요. 사람은 금속으로 만들어진 기계에 불과한 로봇에게, 자기 자신에 대한 이야기를 쓰라는 프로그램을 입력할 수 있어요. 마찬가지로 자연은 피와 살로 만들어진 기계에 불과한 우리에게, 우리 자신에 대한 이야기를 쓰라고 프로그램을 입력했을 뿐이에요.

나에게는 영혼도 있다

데이비드 차머스의 생각

데닛의 최고 적수는 현대 호주의 철학자인 데이비드 차머스예요. 그는 우리에 대한 모든 사실을 물질적 사실로 설명할 수 있다는 입장에 반대했어요. 언젠가 신경과학이 우리 뇌의 기능을 전부 설명해 줄 것이라는 점은 인정했지만, 그렇더라도 우리의 '의식'에 관한 복잡한 문제는 풀리지 않은 거라고 했죠. 이를테면 왜 우리는 그렇게나 풍부한 개인적인 경험을 하는 걸까요?

음악을 예로 들어 볼게요. 음악은 우리 몸에 일련의 반응을 가져오는 하나의 사건이에요. 음악이 일으킨 소리의 파동이 귀의 고막을 울리면 속에 든 수액이 출렁이고 작은 털들이 구부러지면서 전기적 자극이 생성돼요. 이것이 신경을 통하여 뇌까지 전달되면 옥시토신, 세로토닌, 도파민, 엔도르핀 등의 호르몬이 나와서 혈액을 타고 흐른 덕분는 우리는 기쁨을 느낄 수 있어요.

하지만 음악은 '경험'이기도 해요. 베토벤의 교향곡 5번을 물리적인 양

으로 표현한다고 쳐 보세요. 아무리 세밀하게 측정하여 묘사해도 뭔가 빠져 있을 거예요. 그것만 봐서는 이 음악이 어떻게 들릴지 감도 잡기 어려울 거고요. 소리는 양으로 측정할 수 있지만, 음악은 그렇게 할 수 없어요. 음악은 주관적인 반응을 끌어내기 때문이에요. 음악에 맞춰 춤을 출 수 있는 가장 우수한 로봇조차 음악을 주관적으로 경험하지는 못해요. 로봇은 그저 소리의 파동을 알아챌 뿐, 음악을 듣는 것은 아니에요.

우리가 뇌를 가진 신체에 불과하다면 이런 경험은 할 수 없죠. 하지만 우리는 로봇과 달리 그저 빛의 파동을 알아채는 게 아니라 '색깔'을 보고, 특정한 입자를 들이마시는 게 아니라 '향기'를 느껴요. 색깔, 향기, 맛, 음악 등은 모두 우리 각자가 다르게 받아들이는 '주관적인 경험'이에요. 인간은 각자의 경험을 할 뿐 아니라, 자신이 그런 경험을 한다는 사실도 알 수 있어요. 우리에게 영혼이 있어서일까요?

육체와 영혼의 존재를 모두 인정하는 철학자를 '이원론자'라고 불러요. 두 가지 실체인 물질적인 것과 물질적이지 않은 것을 모두 인정해서예요. 차머스는 영혼을

인정하는 이원론자였어요. 하지만 사람이 죽은 뒤에도 살아남아 유령처럼 살아간다는 식으로 사람들이 '영혼'을 여길까 봐 우려했어요.

데닛이 인간의 정신을 오직 뇌와 관련 지어서 이 '유령'을 사라지게 했다는 사실을 떠올려 보세요. 데닛에게 인간의 의식은 환상일 뿐, 실제로는 존재하지 않아요. 차머스는 인간의 정신이 물질인 뇌에서 오지만, 여기에 의식이 더해진 것이라 했죠. 하지만 의식을 물질의 속성으로 여겨서 유령처럼 저절로 떠돌아다닐 수는 없다고 생각했어요.

그런데 완전히 물질적인 뇌에서 어떻게 의식처럼 비물질적인 속성이 생겨날까요? '몸과 마음의 문제'로 알려진 이 질문에 대하여 차머스는 '인간의 의식이 특별하지 않다'는 결론을 내렸어요. 의식은 모든 물질의 속성이고 자연 세계에 퍼져 있어요. 단순한 바위는 의식을 적게 드러내고, 복잡한 인간은 다양하게 가장 많이 드러낼 뿐이죠. 이처럼 만물에 마음이 있다는 생각을 '범신론'이라고 해요.

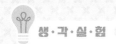

공중에 떠 있는 사람

11세기 이슬람의 철학자
아비센나(이븐시나)의 생각으로부터

다 자란 성인으로 공중에 떠 있게 되었다고 상상해 보세요. 눈가리개를 하고 다른 모든 감각 기관도 차단해서 어느 것도 냄새를 맡거나 맛을 보거나 듣거나 만질 수 없어요. 오로지 할 수 있는 일은 자기 자신이 누구인지 궁금해하는 거죠.

이런 상태에서 여러분은 여러분이 존재한다는 것을 알까요? 자신의 생각을 알아차릴 수 있고, 그 생각이 아무것도 아닐 수는 없으니 그렇다고 봐야 해요.

그럼 여러분은 여러분의 몸이 존재한다는 것을 알까요? 아무런 물질적인 것도 인지할 수 없으니 그건 아니에요.

아비센나는 이 생각 실험으로 우리 자신과 우리의 몸은 별개라는 이원론을 주장했어요. 후자(몸)에 대해 모르고도 전자(정신)에 대해 알 수 있으니까요. 그러므로 영혼은 존재해야 해요.

4장. 나는 자유롭게 선택할 수 있을까?

'내가 누구인지'는 '자유롭게 선택할 수 있는지'와 밀접한 관계가 있어요. 스스로 통제할 수 없는 환경에 처해 있을 때 특히 그래요. 자유는 매우 가치 있게 여겨져 왔어요. 많은 사람들이 정치적 자유를 위하여 싸우다가 죽음을 맞이했죠. 하지만 인간이 정말로 자유 의지를 가졌을까요?

자유 의지는 아무런 제약이나 제한 없이 자신이 원하는 대로 행동할 수 있는 능력이에요. 비가 내리는 날에 밖에 나갈지 말지를 고민하다가 결국 나가기로 선택했다면, 다른 조건이 아무것도 달라지지 않은 상태에서 '안에 머물기'도 선택할 수 있어야 자유 의지를 가진 거예요.

자유 의지를 부정하는 사람들은 어떤 선택을 하더라도 그것을 더 선호하도록 이미 결정되어 있다고 주장해요. 하지만 자유 의지를 긍정하는 사람들은 결정되어 있는 것은 없거나 자유 의지가 그런 선호에 반하여 행동하게 해 준다고 주장하죠.

분명 있는 것 같지만, 자유 의지를 실제로 증명하기는 매우 어려워요.

원자가 방향을 틀어서
자유 의지가 생긴다

에피쿠로스의 생각

기원전 3세기경 그리스의 철학자 에피쿠로스는 지중해 지역에서 대략 600년간 번창한 학파를 창시했어요. 이 학파는 같은 시기에 같은 지역에서 번창한 스토아 학파와 경쟁했죠. 키프로스의 제논 같은 스토아 학파는 인생의 목표를 즐거움이나 고통에 무심한 채 신성한 이성과 조화를 이루며 사는 것이라 여겼어요. 하지만 에피쿠로스 학파는 인생의 목표를 고통을 피하고 높은 차원의 즐거움을 찾는 것이라 여겼어요. 특히 사람들과 교류하는 가운데 그런 즐거움을 얻을 수 있다면서요.

에피쿠로스 학파는 온 우주가 신성하다는 스토아 학파의 관점에 대하여, 만약 신이 있다면 틀림없이 휴가 중일 거라며 재치있게 받아쳤어요. 에피쿠로스 학파는 우주가 영원하며, 작은 입자인 원자로 이루어져 있다고 했어요. 놀랍게도 전자 현미경이 발명되기도 훨씬 전에 원자의 존재를 주장한 거예요!

우리 주변의 모든 사물은 더 작은 사물로 쪼개지고, 또 쪼개질 수 있어요. 이 과정이 영원히 반복될 수는 없기에 어느 순간 더는 쪼개지지 않는 입자가 되고 그게 원자예요. 사물은 움직이니 원자도 움직이고 있어요. 원자들이 벽돌처럼 차곡차곡 싸여 있다면 움직일 수 없으니 원자들 사이에는 빈 공간이 있어야 해요. 원자들은 이 빈 공간을 통과하면서 움직이는데, 이때 줄지어서 나란히만 움직인다면 원자들끼리 서로 부딪히지 않고 모여서 사물을 이룰 수도 없어요. 그래서 사물이 존재하려면 원자가 가끔 방향을 틀어야 해요. 에피쿠로스는 원자들이 방향을 틀면서 무작위로 옆으로 움직인다고 했어요. 사소하더라도 그 움직임들이 쌓여서 중대한 효과를 가져온다고 했죠.

원자들이 방향을 튼 덕분에 다양한 생명체를 탄생하고 자유 의지도 생겨났어요. 방향을 트는 원자들이 인간으로 하여금 물리적인 법칙에서 벗어나 놀랍고 예측할 수 없는 방법으로 행동하게 했어요. 비 오는 날 밖에 나가기로 했지만 그 대신에 안에 머물기를 선택할 수도 있는 건, 나의 뇌 속 원자들이 반대쪽을 향하여 방향을 틀 수 있기 때문이에요.

하지만 원자가 무작위로 움직인다고 해서 자유 의지가 있다고 말하기에 충분할까요? 자유 의지는 우리의 행동에 개인적인 중요성을 부여해요. 내가 의도한 게 아니라 임의로 일어나는 일이라면 어떻게 그 선택에 대하여 책임을 질까요? 자유 의지는 우리가 모른 채로 우리에게 일어나는 일이 아니라 우리가 '행하는' 일이어야 하죠. 에피쿠로스는 인간의 뇌가 방향을 바꾸는 원자를 어떻게 제어할 수 있는지도 설명했어야 해요.

어느 쪽으로든 움직일 수 있다

엘리자베스 앤스컴의 생각

엘리자베스 앤스컴이 에피쿠로스를 도울 수 있을 것 같아요. 20세기 영국의 철학자인 앤스컴은 모든 것이 무심하게 미리 정해지지도, 무작위이지도 않다고 주장했어요. 이렇게 양분하는 것은 물리적 법칙을 너무 심각하게 받아들인 결과라면서, 물리적 법칙은 넘지 말아야 할 기준선을 제공하는 역할이라고 했어요.

카드를 섞은 뒤에 절반씩 나눠 주고 번갈아 가면서 하나씩 내려놓는 게임을 떠올려 보세요. 가장 높은 숫자의 빨간색 카드를 내려놓는 사람이 이기는 게임이에요. 하지만 바보 같지 않나요? 처음부터 누가 이길지가 결정되잖아요. 차례대로 순서에 맞게 카드를 내려놓는 게 무슨 의미가 있겠어요. 무슨 카드를 받을지 모르니 약간 긴장되거나 나중에 결과를 보고 놀랄 수는 있겠지만, 승패에 대해서는 누구도 책임이 없어요.

우리 삶이 이런 게임과 같다면, 모든 일은 미리 정해져 있고 피할 수 없을 거예요. 아침마다 어떻게든 침대에서 일어나야 할 의미도 없죠.

앤스컴은 우리 삶이 이보다는 체스 체임과 비슷하다고 했어요. 물리적 법칙은 게임의 규칙이고 우리는 그 안에서 말을 움직일 수 있어요. 하지만 승패는 정해져 있지 않지 않아요. 어느 쪽이든 가능하기 때문에 누가 이길지에 대해 우리가 느끼는 긴장감은 진짜예요.

단순한 사물은 물리적 법칙이 허용하는 인과성을 모두 드러내지 못해요. 우주의 행성들은 돌고, 돌고, 또 돌 뿐 거기에서 크게 벗어나지 않아요. 반면에 동물은 더 복잡한 존재라서 물리적 법칙을 깨지는 못하더라도, 그 안에서 더 넓은 인과성을 드러낼 수 있어요.

그중에서도 인간이 드러내는 인과성은 특별해요. 의도성을 가지기 때문이에요. 내가 어떤 목적을 가지고 행동할 때 나는 그 행동을 통하여 그게 성공하든 아니든 무엇인가를 성취하려는 의도를 가져요. 손잡이를 잡고 팔을 아래위로 움직이고 있을 때 누군가 이유를 묻는다면, 그에 대한 나의 대답은 원자나 물리적 법칙과는 관계가 없어요. 그보다는 '펌프질을 해서 물을 길어 올리려고요.'라고 나의 의도를 설명하겠죠.

나는 왜 물을 길어 올리는 걸까요? 누군가를 돕기 위해서일까요? 누군가를 상처 주기 위해서일까요? 의도적인 행위로 인한 결과는 도덕적 책임과 관련이 있어요.

자유를 성취하려면
의지가 필요하다

✚

에픽테토스의 생각

    스토아 학파는 우주 공간에서 도덕적 책임을 다하는 일에 관심이 깊었어요. 그중 한 사람인 에픽테토스는 2세기경 지금의 튀르키예 출신의 철학자예요. 그는 우주의 모든 것이 '로고스' 혹은 신성한 법칙에 순종해야 한다고 주장했는데, 이는 세상 모든 일이 일정한 법칙에 의하여 결정된다는 '결정론'을 뜻해요. 하지만 역설적으로 스토아 학파는 인간이 자유롭게 행동하는 존재라고 했어요. 에픽테토스는 자유 의지를 인간이 이룰 수 있는 가장 높은 수준의 도덕성이라고까지 했죠. 어떻게 해서 모순처럼 보이는 이런 주장을 하게 되었을까요?

    스토아 철학에서 신은 현실의 총합이고, 현실은 우주의 법칙인 로고스를 엄격하게 따르고 있어요. 이에 의하면 존재하는 것은 다른 존재가 될 수 없어요. 그러기를 바라는 것은 2 더하기 2가 5가 되기를 바라는 것과 같아요. 그런 일은 불가능하죠. 다른 존재가 될 수 없다는 '불가능'이 우리가 현실에서 마주하는 한계예요. 하지만 아무런 제약도 없다면 현실은 혼란 그 자체일 거예요.

하프 연주자에게 아름다운 연주는 엄격하게 훈련하여 쌓은 바른 테크닉을 고수하느냐에 달려 있어요. 탁월한 연주는 정밀한 한계 안에서만 가능해요. 합리성은 신이 가진 단 하나의 한계이고, 그 테두리가 있기 때문에 신은 최고로 탁월해질 수 있어요. 마치 좋은 테크닉를 가진 하프 연주자처럼 신은 내면에 합리성을 가졌어요. 이러한 신을 벗어나서 제약을 부과하는 것은 없어요.

여기에서 자유에 대한 또 다른 개념과 만날 수 있어요. 자유를 '다르게 행동할 수 있는 능력'이라 여긴 에피쿠로스 학파와 달리 스토아 학파는 자유를 '외부의 제약 없이 행동할 수 있는 능력'이라 여겼어요. 이에 따르면 우리는 결정된 존재이면서 동시에 자유로운 존재일 수 있어요.

에픽테토스는 합리성이 인간을 로고스를 따르는 존재로 만들어 준다고 했어요. 우리는 그 어떤 존재보다도 자연의 물질적인 측면을 초월할 수 있는 능력을 가졌어요. 우리의 몸은 일종의 제약이에요. 무거운 짐을 많이 진 당나귀처럼 공포, 화, 슬픔, 기쁨 같은 감정을 싣고 다니는 탓에 비이성적인 행동을 하게 돼요. 자유롭기 위해서는 이성을 통하여 통제할 수 있는 것, 즉 이성적인 사고에 초점을 맞춰야 해요.

누군가가 여러분을 가두거나 노예처럼 부린다 해도, 절대로 여러분의 정신까지 노예로 만들지는 못해요. 에픽테토스는 이를 실제로 노예였다가 풀려난 경험을 통해 깨달았어요. 그는 존재의 물질적 측면에 대한 욕망이 우리를 노예로 만든다고 여겼어요. 이러한 욕망을 없애고 신성한 자유를 성취하려면 '의지'가 필요해요. 비법은 우리가 통제할 수 있는 것만을 원하는 거예요. 에픽테토스는 이런 글을 남겼어요.

'행복에 이르는 단 하나의 길은 우리의 의지를 벗어나는 일에 대한 걱정을 멈추는 것이다.'

자유를 안전과 바꿀 수 있다

✦

토머스 홉스의 생각

스토아 학파는 온 우주가 물리적이지만 인간은 의지로 육체가 가진 한계를 초월할 수 있다고 주장했어요. 하지만 17세기 영국의 철학자 토머스 홉스는 양쪽을 모두 취할 수는 없다고 여겼어요. 만약 우주가 물리적이라면 물리적인 한계를 초월할 수 있는 것은 아무것도 없어요. 인간의 의지가 물리적 한계를 초월할 수 있다면, 그것은 이미 물리적이지 않고 다른 무언가가 있어야 하지만 그런 건 없다고 주장했죠.

홉스의 관점에서 우주는 물질적이고, 물리적 법칙에 따를 뿐이어서 에픽테토스의 주장처럼 인간이 그 안에서 신성한 자유를 얻을 수는 없어요. 사실 홉스의 철학에서 신은 아무 역할도 하지 않아요. 문제를 일으키지 않고 그렇게 할 수만 있었다면, 홉스는 아마도 신의 존재를 완전히 부정했을 거예요.

에픽테토스는 인간을 물질적 욕망에 사로잡힌 존재라고 여겼죠. 홉스는 여기에 동의했어요. 다만, 에픽테토스가 보지 못한 것은 가장 강한 욕망이 항상 이긴다는 거예요. 홉스가 보기에 우리의 욕망을 이겨 낼 수 있는 이성적인 의지는 없어요. 이성은 가장 강한 욕망을 충족하기 위한 계산에 지나지 않아요. 지금 당장 다른 무엇보다도 오렌지를 원한다면, 그것을 어디에서 어떻게 얻을 수 있을지 계산해야 해요. 나의 생각은 결국 내가 원하는 것에 닿기 위한 수단이죠.

홉스는 우리의 욕망이 자연적으로 생겼으며, 항상 이기적이라고 믿었어요. 그렇지 않은 척을 하더라도 말이에요. 우리의 우선순위는 생존에 필요한 것이고, 그다음은 우리를 즐겁게 하는 거예요. 외부의 제약으로부터의 자유도 우선순위가 높은데, 제약은 우리가 다른 욕망을 충족시

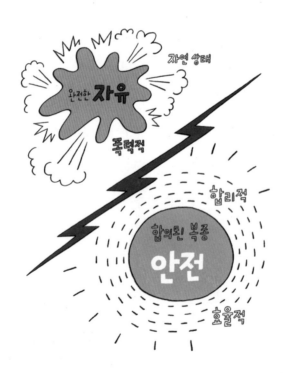

키지 못하도록 막기 때문이에요. 하지만 홉스는 '안전과 자유를 맞바꾸는 것은 이성적이다.'라는 유명한 말을 남겼어요.

인간이 모든 제약에서 완전히 벗어난 자연 상태를 떠올려 보세요. 홉스의 표현에 의하면 이런 세상에서의 삶은 '더럽고 가혹하고 짧아요'. 원하는 것을 얻기 위해서 계속해서 싸워야 하니까요. 인간은 이러한 폭력적인 삶을 피하려고 강한 통치자에게 복종하기로 서로 합의해야 했어요. 그 결과 얻게 된 '안전'은 완전한 자유 상태일 때보다 우리가 원하는 것을 더 효율적으로 얻게 해 주었죠. 홉스는 자유 의지를 부정했을 뿐 아니라, 안전을 위해 자유를 포기하는 일이 합리적인 추론의 결과라 주장했어요.

자신만의 선택을 할 수 있다

장 폴 사르트르

20세기 프랑스의 철학자 장 폴 사르트르는 신이 우리와 무관하다는 홉스의 의견에 동의했어요. 자신이 무신론자라고 공개적으로 선언하기까지 했죠. 하지만 그는 홉스가 묘사한 세계가 너무 단순하고 기계적이라고 비판했어요. 인간을 기계에 불과한 존재로 여기면 실제 사람들의 생생한 경험을 설명할 수 없다면서 말이에요.

인간의 본성이 홉스가 주장한 것처럼 근본적으로 이기적이라면, 숭고한 목적을 위해서 기꺼이 자신의 삶을 희생한 사람들을 어떻게 설명해야 할까요? 인간은 다양한 선택을 할 뿐 아니라, 어떤 경우에는 놀랍도록 감동적인 선택을 하기도 해요.

사르트르는 제2차 세계 대전 중에 나치의 포로로 지내는 동안 이런 의문에 대하여 깊게 생각했어요. 그러고 나서 타고난 본성 같은 것은 없다는 결론을 내렸죠. 인간은 공통적으로 어떤 욕망에 빠지기 쉽지만, 정말로 그렇게 될지는 우리 자신에게 달려 있어요.

사르트르는 3장에 나온 시몬 드 보부아르와 오랜 세월에 걸친 동반자 관계였어요. 두 사람은 결혼하지도 아이를 낳지도 않았어요. 우리의 선택이 타고난 생물학적 조건이나 사회적 힘으로 정해지지 않는다는 사실을 증명하려고 했거든요. 사르트르는 우리 안이 텅 비어서 무한한 가능성에 열려 있다고 했어요. 그것이 바로 자유 의지예요. 우리 안의 텅 빈 공간은 앞에서 에피쿠로스가 말한 원자들 사이의 빈 공간과 비슷해요. 새로운 방향으로 타개해 나가기 위해서는 비어 있는 공간이 필요하죠.

하지만 사르트르는 자유 의지가 불안을 가져온다고도 했어요. 심지어 '구토가 난다'고 표현했어요. 그렇게나 많은 가능성과 마주 대하는 건 감당하기 어려운 일이에요.

고급 레스토랑의 종업원을 떠올려 보세요. 그는 정해진 유니폼을 입고 정해진 형식에 맞게 인사를 건네고 오늘의 스페셜 메뉴를 말할 거예요. 그가 맡은 일이 그가 어떤 사람인지를 규정하고, 해야 할 일을 정해 주어요. 그 역할을 하는 동안에는 다른 옷차림이나 행동을 선택할 수 없고 지시에만 따라야 해요.

우리도 누군가가 우리를 위하여 우리 삶을 대신 처리해 주기를 바라는 건 아닐까요? 스스로 생각하기보다는 지시를 그대로 따르기가 훨씬 더 쉬우니까요! 하지만 이건 비겁하게 빠져나가는 일이에요. 사르트르는 예측되는 역할만 하는 안전함을 거부하라고 했어요. 삶을 의미 있게 만들어 줄 자신만의 일을 추구하면서 용감하게 자유를 껴안으라고 했죠.

사르트르는 대표적인 실존주의 철학자 가운데 하나예요. 실존주의는 인간에게 '실존은 본질을 앞선다.'라는 뜻이에요. '본질'은 '그것'을 '그것'이게 만드는 없어서는 안 될 속성들을 말해요. 대부분은 본질이 실존을 앞서게 마련이에요. 토끼는 토끼로서 살아가며 존재하기 전에 본질적으로 토끼예요. 하지만 인간은 이와 반대여서 본질 없이 이 세상에 나타나 무언가가 되어야 해요. 자신의 선택을 통하여 존재하면서 자신만의 정체성을 스스로 창조하는 거예요.

사르트르는 다음과 같은 유명한 말을 남겼어요.

"사람은 자신이 만든 것 외에 아무것도 아니다."

이 말은 많은 사람의 심금을 울린 것 같아요. 사르트르의 장례식 날, 무려 20만 명의 사람들이 그의 죽음을 애도하기 위해 파리의 거리로 쏟아져 나왔어요.

미래를 예측하는 악마

19세기 프랑스의 철학자
피에르 시몽 라플라스의 생각으로부터

엄청나게 지능이 높은 악마가 있어서 모든 원자의 정확한 위치와 움직임을 알고, 우주의 물리적 법칙도 모두 알고 있다고 상상해 보세요. 이 악마는 미래를 계산할 수 있을까요?

철학자 피에르 시몽 라플라스의 답은 '그렇다.'였어요. 그가 상상한 이 악마는 무슨 일이 벌어질지 가장 세밀한 부분까지 알 수 있고, 거꾸로 우주의 모든 역사를 되짚어갈 수도 있어요.

하지만 라플라스가 상상한 우주는 데닛이나 홉스의 관점처럼 단순하고 기계적이에요. 보부아르나 사르트르 같은 실존주의자라면 자유 의지로 라플라스의 악마를 극복할 수 있다고 답했을 거예요. 이들은 과학이 인간의 존재를 정당화할 수 없다고 믿었어요. 이들뿐 아니라 철저하게 과학을 따르는 사람들조차 라플라스의 의견에는 불만을 표했을 거예요. 예를 들어 현대의 양자역학에서는 우주의 모든 것이 미리 정해져 있지 않다고 보아요. 여러분은 어떻게 생각하나요? 모든 건 정해져 있고, 미래도 예측할 수 있을까요?

2부

앎, 진실, 과학

지식을 둘러싼 철학적 탐구를 '인식론'이라고 해요. 인식론은 까다롭고 어려운 측면이 있어요. 우리가 '탐구하는' 과정을 '탐구'하고, '앎'이 어떻게 이루어지는지를 '알려고' 해서예요.

사람들은 서로 다른 렌즈를 통하여 현실을 바라보고 있어요. 우리의 성별, 인종, 종교, 나이, 국적, 사회 계층 등은 색안경과 같아서 우리가 세상을 어떻게 바라볼지에 영향을 미쳐요. 다른 색안경을 낀 누군가를 만나고서야 모두가 서로 다른 렌즈의 안경을 끼고 있고, 이 안경을 벗어 버리기가 어렵다는 사실을 깨닫게 되죠.

어른이 된다는 건, 부모님의 렌즈가 투명하지도 흠이 없지도 않다는 사실을 알게 되는 거예요. 선생님이나 정부 기관, 언론과 미디어는 어떨까요? 일부러 우리를 속이려 들지 않더라도 각자 자신의 필터를 통하여 세상을 바라본 탓에 우리를 잘못된 방향으로 이끌지는 않을까요? 그럼 대체 누구를 믿어야 할까요?

오직 자기 자신뿐이에요. 그래서 우리는 진실이 무엇인지 스스로 판단하는 능력을 길러야 해요.

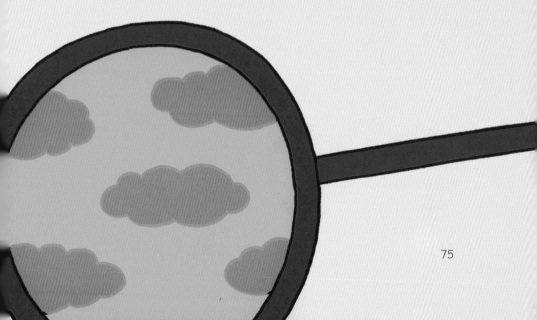

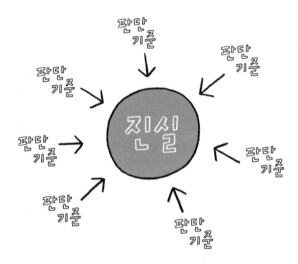

진실을 어떻게 판단해야 할까요? 댄스 오디션에 판정단으로 참여하게 되었다면 무엇부터 해야 할까요? 판단의 기준을 세워야겠죠? 관객의 반응, 독창성, 의상, 무대 구성, 동작의 난이도 등 적당한 기준이 있어야 참가자들의 점수를 매길 수 있으니까요.

'지식 혹은 앎'이 무엇인지에 대한 철학자들의 생각에도 점수를 매길 수 있을까요? 어떤 기준이 필요할까요? 사실 그 기준부터가 논란이 많아요. 철학의 역사에서 가장 영향력 있는 생각들을 모아 보았으니 한번 살펴보세요.

나의 기준과
너의 기준은 다르다

기원전 4세기경 중국의 철학자 장자는 모든 것이 계속해서 변한다는 관찰을 바탕으로 '지식'에 대한 생각을 펼쳤어요. 어제 본 창밖의 나무를 오늘 다시 보았을 때 같은 나무를 본다고 생각할 수도 있지만 그건 정확하지 않아요. 오늘 본 나무는 어제 본 나무와 같지 않고, 바로 지금 이 순간의 나무도 조금 전의 나무와 같지 않아요. 우리를 둘러싼 모든 세계는 끊임없이 변하고 있어요.

이러한 변화를 넘어서서 늘 그대로인 것이 있을까요? 빗방울이 연못의 수면을 건드리기 위해서는 건드려지는 수면이 반드시 존재해야 해요. 연못의 수면처럼 근본적으로 동일한 것이 없다면 우리는 빗방울이 일으킨 변화를 알아차리지 못해요.

장자는 도교에서 중요한 인물이에요. 도교의 '도(道)'라는 말은 '길, 방법, 이치'를 뜻해요. 장자는 계속 변하는 세계에서 '변하지 않는 무언가'가 '도'라고 여겼어요. 이 '도'에서 우주의 모든 것이 출발했죠. 도교는 '도'

라는 절대적인 법칙에 우리 자신을 맞추는 방식이에요.

장자는 '도'와 조화를 이루는 방법이 하나가 아니라고 했어요. 세상을 바라보는 관점이 여럿이므로 도에 이르는 길도 여럿이에요. 장자는 이렇게 썼어요. '우물 안 개구리와 바다에 대하여 논할 수 없고, 한 계절을 사는 여름 곤충과 얼음에 대하여 논할 수 없다.' 마찬가지로 인간의 관심사에 얽매인 인간의 정신은 온 우주적 관점을 다 아우를 수 없어요.

장자는 '상대적인 진실'과 함께 살라고 가르쳤어요. 개구리는 자신이 사는 우물에 대하여 알 수 있고, 모기는 자신이 사는 계절에 대하여 알 수 있어요. 우리는 우리 자신이 사는 세계에 대하여 알 수 있죠. 하지만 인간 세계에는 자신만의 지식을 가진 더 작은 세계들이 존재해요. 그래서 각자의 세계에 대하여 알려면 서로 대화를 해야 해요. 우리 세계의 방식이 다른 세계에도 통할지 지레짐작하지 말고요.

장자는 한 사람을 위한 진실이 다른 사람을 위한 진실일 수 없다고 주장했어요. 장자에 의하면, 우리는 무엇이 지식인지를 판단하는 단 하나의 기준이 있기를 바랄 수 없어요. 대신에 절대적인 우주의 원리가 있다는 사실을 깨닫고, 가능한 한 정직하고 신중하게 자신만의 고유한 지식을 세우려고 노력해야 하죠.

어떤 관점도 진실인지
알 수 없다

섹스투스 엠피리쿠스의 생각

2세기 이집트의 철학자 섹스투스 엠피리쿠스도 장자처럼 사람들 사이에 다양한 관점이 존재함을 알아차렸어요. 하지만 장자와 달리 사람들이 평화롭게 서로 다른 관점을 논의할 수 있다고는 여기지 않았어요. 그가 경험한 사람들은 종교, 정치, 철학 등 분야를 막론하고 항상 자신의 관점이 우월하다고 내세우며 다른 이를 설득하려고 애썼어요. 이런 일은 스트레스와 갈등을 만들고 삶의 즐거움을 앗아 가죠. 그래서 섹스투스는 이렇게 생각하게 되었어요. '행복이 삶의 목표라면 어느 한쪽으로 치우치지 않는 중립을 찾아야 한다.'

일찍이 기원전 4세기경 그리스의 철학자 피론은 이를 위한 방법으로 '회의론'을 내세웠어요. 피론에 의하면 현명한 사람은 논란이 많은 주제에 대한 판단을 유보하고, 우리가 알 수 있는 것에 대한 논쟁에 참여하지 않아요. 섹스투스는 피론의 회의론을 받아들이고 발전시켰어요.

다른 사람의 관점을 판단할 수 있다고 주장하려면, 반드시 그 판단에 대한 기준을 가져야 해요. 하지만 그 기준은 어떤가요? 그 역시 진실인지 아닌지 판단되었을 거예요. 그렇지 않다면 왜 이 기준을 다른 기준보다 신뢰해야 할까요?

아님, 그 기준을 진실이라고 판단했다면 그 판단에 대한 기준은 무엇인가요? 그 역시 진실인지 아닌지 판단되었을 거예요. 그렇지 않다면……. 이런 식으로 끝도 없이 이어져요. 그러니 우리는 어떤 관점을 판단할 수 있다고 주장해서는 안 돼요.

섹스투스는 자신의 생각이 로마의 철학자 키케로가 주장한 회의론과는 다르다고 여겼어요. 섹스투스의 생각은 '어떤 관점도 진실인지 알 수 없다.'이지만, 키케로의 생각은 '아무것도 진실인지 알 수 없다.'였어요. 키케로에 의하면, 우리는 방 안에 코끼리가 있는지 없는지조차 알 수 없어요. 이 주장대로라면 일상적인 삶을 이어 나가기조차 매우 어려울 거예요. 무엇인지 알 수 없는 음식을 어떻게 먹을 수 있겠어요?

섹스투스는 생존을 위하여 사실에 기반을 둔 무해한 지식은 필요하다고 했어요. 이론적인 주장처럼 직접적이지 않은 것은 의심하더라도, 우리의 감각에 직접 영향을 미치는 것은 무엇이든 믿어도 된다고 하면서요. 그렇게 하면 자연스럽게 고요함이나 행복한 마음에 이른다고 했죠.

하지만 어떤 '관점'도 진실이라고 판단해서는 안 된다는 피론의 회의론은 그 자체로 모순처럼 보여요. 그것 또한 하나의 관점이고, 따라서 이에 대한 판단을 해서는 안 되니까요.

나는 생각한다
그러므로 존재한다

르네 데카르트의 생각

17세기 프랑스의 철학자 르네 데카르트는 회의론을 최종 목적지라기보다는 출발점으로 여겼어요. 우리가 안다고 생각하는 모든 것이 '틀릴 수도 있다'는 깨달음에서 시작하면 지식을 위한 탄탄한 토대를 쌓을 수 있어요.

데카르트는 유명한 생각 실험에 이와 같은 '의심의 방법'을 적용했어요. 어떤 사악한 천재가 내내 우리를 속이고 있다고 상상해 보세요. 지금 경험하고 있다고 여기는 모든 것은 환상이고, 기억도 모두 거짓이에요. 여러분이 몸이라 믿는 것도 환상의 일부라서 여러분은 자신이 누구인지, 몸을 가졌는지도 알 수 없어요.

이건 단지 상상일 뿐이지만, 불가능하지는 않아요. 아니라는 사실을 증명할 방법이 없거든요. 이런 상상이 진실일 수도 있다는 작디작은 가능성을 받아들여야 해요. 이 가능성 때문에 섹스투스가 말한 '사실에 기반을 둔 무해한 지식'도 모두 불확실한 것이 돼요. 데카르트의 천재성은 이런 극단적인 회의의 상태를 만든 뒤에 이 상태를 어떻게 빠져나갈지 우리에게 보여 주었어요.

상상 속에서 여러분은 자신의 감각을 믿을 수 없어요. 보거나 믿거나 만지거나 냄새 맡거나 맛본 그 어떤 것도 안다고 주장할 수 없어요. 이런 상태에서 알 수 있는 게 있을까요? 놀랍게도 데카르트의 대답은 '있다.'였어요. 여러분을 속일 수 없는 단 하나가 있어요. 여러분 자신의 존재예요. 모든 것을 의심하고 있다면 의심하고 있는 '나 자신'이 있어야 해요. '나는 나의 삶이 모두 환상이라고 생각하고 있다.'라고 말할 때마다 여러분은 생각하는 존재로서 자기 자신이 존재함을 확인하는 것과 같아요. 데카르트는 이를 다음과 같은 유명한 말로 압축해서 표현했어요. "나는 생각한다. 그러므로 존재한다." 생각하는 존재로서 우리가 존재한다는 사실만큼은 완벽하게 확신할 수 있어요.

데카르트는 우리의 경험이나 감각보다 이성이 더 믿을 만하다고 생각했어요. 감각은 어쩔 수 없이 환상이 될 수 있지만, 이성은 '명백하고 분명한 생각'을 통하여 환상을 극복할 수 있어요. '명백하고 분명한 생각'은 데카르트에게 지식을 판단하는 기준이 되었어요. 경험보다 논리에 기대는 이런 관점을 '합리주의(이성주의)'라고 해요.

경험을 통하여 알 수 있다

존 로크의 생각

17세기 영국의 철학자 존 로크는 데카르트의 기준에 동의하지 않았어요. 로크가 살던 시기에 과학 분야에서 획기적인 변화가 일어났어요. 로크는 이러한 '과학 혁명'을 지지했어요. 로크는 데카르트의 '의심의 방법'이 과학에 꼭 필요한 관찰의 중요성을 떨어뜨릴까 봐 염려했어요.

'명백하고 분명한 생각'은 객관적으로 관찰할 수 없어요. 한 사람에게 명백하고 분명한 생각이 다른 누군가에게는 혼란스럽고 모호한 것일 수 있죠. 지식을 판단하는 기준이 저마다 다르다면 힘있는 사람들이 자신의 생각을 다른 사람들에게 강요할 수도 있지 않을까요?

합리주의자들은 '명백하고 분명한 생각'이 '자기 근거'를 가졌다며 이러한 비판을 벗어나려고 했어요. '명백하고 분명한 생각'을 하는 사람은 반드시 스스로 진실을 알게 된다는 거예요.

하지만 로크는 어떤 생각이 자기 근거를 가지려면 태어날 때부터 우리 안에 있어야 한다고 여겼어요. '경험에 앞서서' 우리 정신 안에 존재하는 생각만이 '경험에서 나온' 생각보다 분명한 근거를 가질 수 있어요. 그러면서 로크는 데카르트가 '명백하고 분명한 생각'의 예시로 든 '신'은 타고난 것일 수 없다고 지적했죠. 신에 대한 생각은 문화마다 다르고, 아예 신에 대한 생각이 없는 문화도 있어요. 신에 대한 생각이 타고나는 거라면 어디에서든 보편적이어야 하지 않을까요?

로크는 여기에서 더 나아가 합리주의에 대항하여 '타고난 생각' 자체가 없다고 주장했어요. 우리의 정신은 텅 비어 있는 상태로 태어난다면서요. 스스로 생각해 냈다고 여기는 어떤 생각도 타고난 게 아니라 경험을 통하여 얻은 거예요. '경험주의'라고 알려진 이런 접근법은 과학 분야에서 실험이 꼭 필요하다고 강조해요.

합리주의자들은 자연 세계에 대한 결론을 이끌어 내는 데에 '연역법'을 사용해요. 아래 예시를 보세요.

1. 모든 금은 다섯 가지 속성이 있다. : A, B, C, D, 그리고 E
2. 이 사물은 금이다.
3. 그러므로 이 사물은 분명 속성 E를 가진다.

앞의 두 전제가 진실이라면 결론은 확실해요. 하지만 로크는 이것이 과학자가 탐구해야 하는 많은 질문을 무시한다고 여겼어요. 과학자라면 이런 질문을 하지 않을까요? '이 사물이 진짜 금인가? 혹시 다른 종류의

금도 존재하지 않을까? 금이 어떤 속성들을 잃거나 얻을 수도 있을까?'

그래서 로크는 과학자에게 다음과 같은 '귀납법'을 제안했어요.

1. 지금까지 우리가 실험한 모든 금은 다섯 가지 속성이 있다.

　 : A, B, C, D 그리고 E

2. 이 사물은 네 가지 속성이 있다. : A, B, C, D

3. 그러므로 이 사물은 아마도 속성 E를 가질 것이다.

이 결론은 절대 완벽하게 확실하지 않아요. 그럴 가능성이 있을 뿐이에요. 하지만 과학에서는 완벽하게 확실할 필요가 없어요. 지식을 판단하는 로크의 기준은 '객관적으로 관찰할 수 있는 근거'예요. 그리고 그 근거는 많을수록 좋아요. 그렇다고 해서 진실이라는 보장을 할 수 없더라도 말이죠.

이성적이지 않은 것도 존재한다

시몬 베유의 생각

데카르트와 로크는 플라톤과 아리스토텔레스처럼 서로 의견이 달랐어요. 플라톤과 데카르트가 내면에서 지식을 찾았다면, 아리스토텔레스와 로크는 현실 세계에서 지식을 찾았죠. 둘 사이의 불일치는 서양 문명의 전 역사를 통하여 논쟁거리였어요. 이 논쟁은 서로의 견해를 더욱 정교하게 다듬게 만드는 유익한 것이었어요.

데카르트와 로크는 연역법과 귀납법 중 무엇이 지식에 더 적합한지를 두고 생각이 달랐지만, 대부분의 철학자가 그렇듯 '논리'를 매우 중요하게 여겼어요. 하지만 여기에 반대하는 철학자들이 있었어요. 20세기 프랑스의 철학자 시몬 베유가 적절한 예시가 될 것 같아요. 베유는 데카르트와 플라톤에게 흥미를 느껴 철학을 시작했고, 신의 개념을 완전하고 명백하며 뚜렷한 생각으로서 받아들였어요. 그것은 단지 생각이 아니라 '경험'이었고, 베유는 신을 직접 만났다면서 신념을 가지고 그 존재를 확신했어요.

논리를 중요하게 여기는 서구 문명은 분명 기술의 발전을 이루었어요. 하지만 정신적인 면에서의 발전은 어떨까요? 두 번의 세계 대전을 겪은 뒤, 베유는 인류가 정신적인 발전을 대가로 치르면서 기술의 발전만 추구한다며 크게 염려했어요. 그녀는 고대 그리스인이 수학을 신성함으로 향하는 창으로 여겼다는 점에 주목했어요. 수학이 논리적이어서가 아니라, 오히려 논리의 한계를 넘어선 지식을 보여 준다고 여겨서예요.

거듭 곱해서 4가 되는 수는 2이고, 거듭 곱해서 9가 되는 수는 3이에요. 그럼 거듭 곱해서 2가 되는 수는 무엇일까요? 그 수는 완전한 수가 아니고 1.414…… 이런 식으로 끝도 없이 계속 이어지는 무한 소수예요. 무한 소수는 이성적인 수가 아니에요. 이 수는 이 세상에 비이성적인 수도 존재한다는 사실을 보여 주죠.

베유는 이와 마찬가지로 '삶에서 계속 마주치는 어려움'이 신이 존재함을 증명한다고 생각했어요. 우리는 욕망과 선함 사이에서 끊임없이 갈등하는 존재예요. 살기 위해서는 음식을 먹어야 하지만, 그러려면 다른 존재를 고통스럽게 해야 해요. 2장에서 만난 맥키는 고통이 신에 대한 믿음을 비이성적인 것으로 만든다고 주장했어요. 베유도 이에 동의했어요. 하지만 그녀는 비이성을 지식에 대한 정당한 기준으로서 껴안았어요. 그녀의 시각에서 신은 비이성적이지만, 곱해서 2가 되는 수처럼 실제로 존재해요. 그래서 베유는 고통이 신성한 신비를 드러낸다고 생각했어요.

나비의 꿈

기원전 4세기의 철학자 장자의 생각으로부터

나비가 되는 꿈을 꾸었다는 장자의 이야기는 유명해요. 꿈에서 장자는 나비가 되어 꽃들 사이를 팔랑거리며 날아다녔어요. 자신이 장자라는 사실도 잊었죠. 잠에서 깨어났을 때, 자신이 '나비가 되는 꿈'을 꾼 장자인지, '장자가 되는 꿈'을 꾸고 있는 나비인지 알 수 없었다고 해요.

이처럼 진짜같이 느껴지는 생생한 꿈을 꾼 적이 있나요? 혹시 지금도 꿈을 꾸고 있는 것은 아닐까요? 지금이 꿈속이 아니라는 것을 증명하려면 어떤 판단의 기준이 필요할까요?

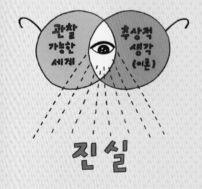

진실은 '지식'과 같지 않아요. 진실이 아닌 '믿음'은 지식이 될 수 없어요. 누군가 클레오파트라가 존재했다고 주장했어요. 하지만 사실이 아님이 밝혀졌다면, 그 사람은 그 사실에 대하여 '몰랐다'고 봐야 해요. 하지만 어떤 사실에 대해서는 아무도 진실 여부를 알 수 없어요. 누군가 클레오파트라가 보라색 속옷을 입었다고 주장한다면 그게 정말인지 알 수 없을 뿐더러 알아내기도 어려워요. 답은 '예.'일 수도 있고 '아니다.'일 수도 있죠. 클레오파트라가 보라색 속옷을 입었다는 말은 참도 거짓도 아니에요.

클레오파트라가 실제로 무엇을 입었느냐가 어떤 진술을 진실 혹은 거짓으로 만드는 걸까요? '어떤 진술을 진실로 만든다'는 게 무슨 뜻일까요? 진실이 존재한다는 느낌은 어디에서 올까요? 아무도 모른다면 그게 진실인 줄 어떻게 알까요?

결국 '진실'이란 무엇일까요?

진실은 존재하지 않는다

나가르주나의 생각

3세기 인도의 철학자 나가르주나는 '제2의 부처'로 알려진 인물이에요. 불교의 창시자인 싯다르타 고타마에 대해서는 뒤에서 이야기할게요.

나가르주나는 진실이 존재하지 않는다고 주장했어요. 그의 주장을 이해하려면 먼저 불교를 이해해야 해요.

인간은 끊임없이 삶을 더 낫게 하는 방법을 고민하는 존재예요. 바로 그렇기 때문에 우리는 불행해요. 불교는 이런 깨달음에서 시작되었어요. 다리 밑에 사는 거지의 머릿속은 '어떻게 하면 형편이 나아져서 집에서 살 수 있을지'에 대한 생각으로 가득 차 있어요. 하지만 집이 생기면 곧 그의 머릿속은 '어떻게 하면 형편이 더 나아져서 대궐 같은 집에서 살 수 있을지'에 대한 생각으로 가득 차게 돼요. 무엇이 문제일까요? 우리는 잠깐의 만족을 주는 것만 원한다는 거예요.

불교에서는 지속되지 않는 것에 대한 욕망에서 모든 고통이 생겨난다고 이야기해요. 고통에서 벗어나는 유일한 길은 욕망을 없애서 아무것도 원하지 않게 되는 것이지만, 그렇게 되기는 대단히 어려워요. 불교는 이를 달성하기 위한 다양한 방법을 제안했는데, 그중 나가르주나의 방법은 '공(空)의 사상'으로 알려졌어요.

나가르주나는 모든 것이 '비어 있다'고 했어요. 이 말은 아무것도 지속되는 본질을 가지지 못한다는 뜻이에요. 사르트르 편에서 '본질'은 사물에 정체성을 부여하는 없어서는 안 될 속성들이라고 했어요.

우리가 궁궐을 간절히 바랄 때, 우리는 마음속에 거짓 현실을 창조해요. 우리의 욕망을 단번에 모두 만족시키고 영원히 지속될 건축물을 떠올리는 거예요. 하지만 궁궐은 잠깐 세워졌다가 허물어질 돌과 나무에 불과해요. 마찬가지로 고통이 사라지기를 바랄 때, 우리는 무언가가 우리를 괴롭힌다는 거짓 현실을 창조하지만 고통은 궁궐과 같아서 잠시 일어났다 사라지는 감각에 불과해요. '나'란 존재 또한 결국은 해체될 여러 요소들이 모인 것에 지나지 않아요.

이 세상에서 아무것도 본질을 가지지 못한다면 우리는 어떤 사물도 욕망할 수 없어요. 욕망하기 위해서는 영원히 지속되는 사물이 필요한데, 우리가 욕망하는 사물은 어느 것도 지속되지 않아요. 그래서 우리는 절대 만족할 수 없어요. 어떤 대상이 지속될 거라는 믿음을 놓아버리는 일만이 욕망에서 벗어나는 길이에요.

지속되는 사물이 존재하지 않으면 당연히 그에 대하여 말할 수도 없어요. 욕망처럼 말도 의미를 부여할 지속되는 사물이 필요해요. 모든 것이 계속 변하는 중이라면 우리는 어떤 사물에도 이름을 붙이거나 진실인 진술을 할 수 없어요. 진실인 진술을 할 수 없다면 궁극적인 진실도 존재하지 않아요.

나가르주나는 생존에 필요한 관습적인 진실을 아는 것에 만족했어요. '태양은 떠오른다, 나는 춥다, 너는 여기에 있다' 같은 거예요. 하지만 모든 것이 끊임없이 변한다는 우주적 관점에서 보면 이와 같은 진술들도 진실인지 아닌지 알 수 없어요. 이런 진술은 어떤 대상에 고유한 이름을 붙일 수도 없어요. 그래서 관습적인 진실을 제쳐 둔다면, 남아 있는 궁극적인 진실은 '진실이 존재하지 않는다'는 거예요. 이 세상 어느 것에도 이름을 붙이거나 그것을 말로 표현할 수 없으며, '아무것도 없음' 그 자체에도 이름 붙이거나 표현할 수 없어요.

모든 진실은 필요하다

고트프리트 빌헬름 폰 라이프니츠의 생각

18세기 독일의 철학자 고트프리트 빌헬름 폰 라이프니츠는 나가르주나와 달리 본질을 믿었어요. 세계는 최대치의 풍부하고 다양한 본질을 담고 있으며, 우리가 이를 알 수 있는 것은 신이 완벽한 존재이기 때문이라고 했죠. 완벽한 존재는 완벽한 우주를 창조할 수 있어요. 완벽한 우주는 단 하나이고, 양적으로든 질적으로든 가장 훌륭해요. 신은 '모든 가능성의 세계'에서 최선을 창조했어요.

이런 생각 때문에 라이프니츠는 인간의 고통에 둔감한 사람처럼 보였어요. 그와 동시대 작가인 볼테르는 《캉디드》라는 풍자 소설을 써서 라이프니츠를 우스꽝스러운 인물로 묘사하고 비판했어요. 소설 속 인물은 터무니없이 낙천적이라서 세상이 아무리 그를 무너뜨려도 자신만의 논리를 펴며 그 사실을 믿으려 하지 않죠. 하지만 라이프니츠의 생각은 진실에 대하여 흥미로운 설명을 담고 있어요.

논란의 여지가 없이 진실인 진술, '카이사르는 카이사르다.'에 대하여 생각해 볼게요. 누가 이에 대하여 논쟁을 벌이겠어요? 이는 동어 반복이에요. 동일하게 지정된 단어가 주어지고, 항상 그 자체로 똑같은 대상이 주어졌을 때 그 진술은 반드시 진실이에요. 어떻게 변화를 주어도 카이사르는 카이사르예요.

조금 더 어려운 사례로 넘어가서 '카이사르는 루비콘강을 건넜다.'의 경우는 어떨까요? 이 진술이 진실인지 아닌지 판단하는 유일한 방법은 시간을 거슬러 올라가 강둑에 서서 카이사르의 행동을 지켜보는 것뿐이에요.

하지만 라이프니츠는 진술을 진실로 만드는 것은 '사실의 목격'이 아니라 '충분한 이유'라고 주장했어요. 다른 무엇이 아니라 바로 그것이어야 하는 충분한 이유가 없다면 어떤 사실도 실제일 수 없고, 어떤 진술도 참일 수 없다면서요.

왜 카이사르는 루비콘강을 건넜을까요? 가능한 모든 세계 가운데 최선으로서 '그래야만 했기' 때문이에요.

라이프니츠는 '카이사르'가 그에 대한 모든 사실을 포함하는 본질을 가진다고 했어요. 이를 이해하기 위해 카이사르를 사실들이 모인 거대한 집합이라고 생각해 보세요.

집합 카이사르 = {사실 1, 사실 2, 사실 3……}

루비콘강을 건너는 일은 이 사실들 중 하나예요. '사실 572'쯤 돼요. 그래서 카이사르가 루비콘 강을 건넜다고 주장하려면 '집합 카이사르'가 '사실 572'를 포함한다고 해야 해요.

$$사실\ 572 \in \{사실\ 1,\ 사실\ 2,\ 사실\ 3 \cdots \cdots \}$$

이는 진실이며 필연적이에요. 우리가 그것을 목격했기 때문이 아니라, 카이사르가 그렇게 하지 않은 세계는 '모든 가능성의 세계에서 가장 좋은 것'이 아니기 때문이죠.

우리 각자와 우주의 모든 본질은 특별한 종류의 집합이에요. 시간이 흘러도 변치 않는 영원한 신의 관점에서 나온 모든 사실의 총합이니까요. 그러므로 모든 진실은 필요해요. 모든 진실은 가능한 모든 것 가운데 가장 좋은 것이 되기 위한 충분한 이유를 가졌어요.

경험하지 않은 것은
경험한 것과 다르다

데이비드 흄의 생각

철학자들이 말하는 '원리'라는 것을 우리가 경험할 수 있을까요? 원리의 색깔은 어떨까요? 냄새는요? 아니요, 우리는 원리를 경험하지 못해요. 원리는 이 세계에서 관찰할 수 있는 대상이 아니고, 우리 정신 속에 있는 '추상적인 생각'이니까요.

라이프니츠는 데카르트처럼 '원리'를 지식으로 여기는 합리주의자예요. 이와 다르게 오감을 통한 '경험'에서만 지식을 얻을 수 있다고 여기는 철학자들을 '경험주의자'라고 해요.

18세기 스코틀랜드의 철학자 데이비드 흄도 경험주의자예요. 앞에서 로크는 확실하지는 않지만 아마도 그럴 거라는 '개연성'에서 지식을 얻을 수 있다고 했어요. 흄은 로크의 생각에 동의했지만, 큰 문제를 발견했어요. 개연성은 귀납법의 논리를 바탕으로 하는데, 귀납법은 경험주의자들이 지식으로 인정하기 어려워하는 '원리'에 바탕을 두고 있거든요. 로크의 추론을 다시 살펴볼게요.

1. 지금까지 우리가 실험한 모든 금은 다섯 가지 속성이 있다.

 : A, B, C, D, 그리고 E

2. 이 사물은 네 가지 속성이 있다. : A, B, C, D

3. 그러므로 이 사물은 아마도 속성 E를 가질 것이다.

왜 우리는 과거에 관찰한 바가 미래에도 같은 거라고 추측할까요? '아직 경험하지 않은 것은 이미 경험한 것과 유사할 것이다.'라는 동일성의 원리, 즉 '추상적인 생각'을 믿어서예요.

손에 돌을 쥐고 있다가 놓으면 돌은 바닥에 떨어져요. 몇백 번을 실험해도 매번 결과는 같아요. 이것을 '동일성의 원리'를 경험한 것으로 볼 수 있을까요?

그렇지 않아요. 이는 원리가 아니라 '돌'을 경험한 것으로 봐야 해요. 그게 다예요. 이전에 돌을 몇 번이나 떨어뜨려 보았든 그저 회색빛에 아무 냄새도 나지 않는 돌이 바닥에 떨어졌을 뿐이에요. 돌에 '원리'가 들어 있을까요? 물론 아니에요. 돌은 우리가 기대한 대로 움직일 필요가 없어요. 다음에 돌을 손에서 놓는다면 바닥에 떨어지는 대신에 공중을 날아갈 수도 있어요.

"하지만 그런 일은 불가능해!"라고 외칠 수도 있어요. 라이프니츠처럼 세계를 지배하는 원리를 믿는 철학자라면 그렇게 말할 권리가 있어요. 하지만 로크처럼 경험을 중요하게 여기는 철학자라면 '그런 일은 있을 것 같지 않다(개연성이 없다)'고 말할 권리가 없어요. 경험주의자가 사용하는 개연성은 귀납법에 바탕을 두기 때문이에요. 귀납법도 하나의 '원리'죠. 흄은 이 문제가 경험주의자들을 정복했다는 결론을 내렸어요. 경험주의자들은 자신의 논리를 경험을 통하여 정당화할 수 없어요.

흄의 생각은 알베르트 아인슈타인 같은 위대한 과학자에게 영향을 끼쳤어요. 고전적인 뉴턴 물리학을 벗어나 혁신적인 양자역학으로 나아갈 수 있는 영감을 불어넣었죠. 하지만 정작 흄은 5장에서 만난 섹스투스 엠피리쿠스의 주장으로 만족했어요. 생존에 필요한 지식, 많은 사람이 오래 믿어 온 관습적인 믿음은 판단하지 말고 그냥 받아들이라고 했으니까요.

사실에 대해서만
말할 수 있다

루트비히 비트겐슈타인의 생각

하지만 '관습적인 믿음' 중에는 말이 안 되는 것들도 많다는 사실이 흄을 괴롭혔어요. 특히 흄은 미신이 문제라고 생각했어요. 누군가 "물 위를 걷는 사람을 보았어요."라고 할 때 기적과 거짓말 중 어느 쪽이 더 개연성이 있을까요? 흄은 기적보다는 거짓말이 더 그럴듯하다고 생각했어요. 하지만 자신이 분석한 바와 같이 '그럴듯하다, 있을 만하다.'라는 개연성 또한 사람들이 두루 믿는 믿음일 뿐이에요. 하나의 관습적인 믿음이 다른 믿음을 공격하는 이상한 상황에 놓이고 말았죠.

20세기 오스트리아의 철학자 루트비히 비트겐슈타인은 경험주의자가 진실을 판단하기 위해서는 관습 이상의 무언가가 필요하다고 생각했어요. 그는 이를 보여 주려고 '참인 진술은 사실에 대응한다.'에서 시작했어요. 이건 명백해요. 하지만 설명하기가 쉽지 않아요. 어떤 진술과 사실을 연결하려면, 인간의 언어가 이 세계를 어떻게 보여 주는지에 대한 해석이 필요하기 때문이에요.

여러분이 다른 사람에게 "사자가 사슴을 공격하고 있어요."라고 할 때, 여러분은 이 말을 통하여 그 사람으로 하여금 어떤 생각을 하게 만든 거예요. 입에서 나온 목소리나 종이에 끄적인 몇 개의 단어가 이렇게 할 수 있다니 놀랍지 않나요? 우리는 언어를 통하여 다른 사람의 뇌에 특정한 일이 일어나도록 할 수 있어요. 어떻게 이런 일이 가능할까요?

비트겐슈타인은 언어가 그림과 같은 방식으로 세계를 보여 준다고 생각했어요. '사자가 사슴을 공격하고 있어요.'라는 문장은 사슴을 공격하고 있는 사자와 닮지 않았어요. 그보다는 사자가 하고 있는 일과 '같은 구조'를 가졌죠. 이는 세계가 특정한 방식으로 무언가를 하고 있는 사물들로 이루어져 있다는 뜻이에요. 우리가 사용하는 문장은 다양한 수식어를 가진 주어와 동사로 이루어졌어요.

사자는 말을 할 줄 몰라요. 우리가 사자의 으르렁을 이해하지 못하는 이유는 '으르렁'이 세계의 구조를 거울처럼 비추지 못해서예요. '으르렁'은 주어에 이름을 붙이고 동사와 연결되어 어떤 사실을 건져 올리는 역할을 하지 못해요. 우리는 세계를 비추는 그 어떤 언어든 번역할 수 있어요. 방식이 달라도, 말이 아닌 문자일지라도 그럴 수 있어요. '사실'이 의미를 부여하기 때문이죠. 사실의 구조가 진술의 구조에 대응할 때, 그 진술은 진실이에요.

비트겐슈타인의 생각은 우리가 단지 '사실'에 대해서만 말할 수 있다고 암시한다는 점에서 흥미로워요. 우리는 종교나 도덕, 예술에 대해서는 말할 수 없어요. 이런 주제에 대한 진술은 '의견'이지 '사실'이 아니에요. 그리고 관찰할 수 있는 이 세계의 어떤 구조도 반영하지 않기 때문에 의미를 가지지 못해요. 비트겐슈타인은 다음과 같이 유명한 말을 했어요.

"말할 수 없는 것에 대해선 침묵해야 한다."

사람들에게 자신이 하는 말 대부분이 '아무 의미도 없는 허튼 것'임을 보여 주는 것, 비트겐슈타인은 그것이 철학의 진정한 역할이라 믿었어요.

과학에서는
이론과 관찰이 모두 필요하다

비트겐슈타인은 이 이론을 발표한 뒤에 철학을 포기했어요. 자신의 관점에 의하면 철학도 '말이 안 되는 헛소리'였거든요. 하지만 세월이 많이 흐른 뒤에 다시 철학으로 돌아와서는, 언어가 그림보다 게임처럼 작용한다고 주장했어요.

모노폴리는 규칙에 맞춰 움직이면서 정해진 목표를 이루면 이기는 보드게임이에요. 게임 속에서 '나는 집을 사요'. 하지만 작은 플라스틱 모형은 실제 집을 나타내지 않고, 종이로 만든 돈도 진짜 돈을 나타내지 않아요. '산다'는 행위도 게임을 벗어나면 아무 의미가 없어요. 이 게임은 닫혀 있는 구조라서, 게임의 규칙에 따라 움직임들이 연결될 때만 의미가 있어요.

비트겐슈타인은 언어를 이와 같은 방식으로 보았어요. 언어가 논리적인 규칙들을 제공하여 상호작용을 하는 한, 이 세계의 어떤 사실에도 대응할 필요가 없어요. 나의 목표가 여러분과 함께 시간을 보내는 거라면,

그러기 위한 특정한 단어와 몸짓을 사용할 거예요. 반대로 나의 목표가 여러분에게서 멀리 떨어지는 거라면, 그에 맞게 또 다른 단어와 몸짓을 사용할 거예요. 이처럼 우리는 모두 자신의 목표를 향해 움직이기 위한 언어를 사용해요.

비트겐슈타인의 게임 이론이 이전의 그림 이론을 대체한 것으로 보는 사람도 있지만, 그보다는 게임 이론이 그림 이론을 보완하는 것으로 보는 사람도 있어요. 사실을 말할 때 우리의 진술은 이 세계에 대응해야(그림 이론) 하며, 의견이나 추상적인 생각을 말할 때 우리의 진술은 논리적 방식으로 서로를 연결해야(게임 이론) 하니까요.

현대 영국의 철학자 수전 하크는 과학에서 이러한 식의 절충이 필요하다고 주장했어요. 결국 모든 과학 이론은 관찰을 통한 진술('사자가 사슴을 공격했다.')과 추상적인 진술(자연 세계의 원리)을 포함하고 있어요. 우리에게는 사실에 바탕을 두는(경험주의) 동시에 추상적인(합리주의) 진실을 허용하는 이론이 필요해요.

하크는 과학이 십자말풀이와 비슷하다고 했어요. 예를 들어 1행의 단서가 '영양을 공격하는 것'이라면 이에 대한 답으로 몇 가지가 떠오를 거예요. 답이 두 칸이고 시옷으로 시작하니까 '사자'라고 적을 수 있어요. 하지만 이게 다가 아니죠. 답의 첫 글자가 아래로 4칸인 단어와 연결되어 있으니 '사자'가 맞는 답이 되려면, 아래로 4칸인 그 단어가 '사'로 시작되어야 해요.

하크는 십자말풀이 비유가 과학적 근거와 상호 지원이 결합되는 방법을 보여 준다고 했어요. 주어진 단서로 가능한 답을 여럿 만드는 과정은 '사실'을 찾는 과정과 유사하고, 그 답들을 하나씩 걸러 내기 위하여 십자칸을 사용하는 것은 추상적인 '원리'를 적용하는 일과 유사해요. 사실은 경험주의적 토대를 제공하고, 원리는 논리적 연결의 일관성을 제공하죠.

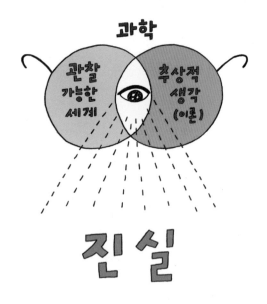

시계가 멈추었을 때

20세기 영국의 철학자 버트런드 러셀의 생각으로부터

'진실을 만드는 것은 무엇인가?'라는 질문은 '무엇이 지식(앎)인가?'라는 질문의 다른 표현이기도 해요. 지식을 '진실한 믿음'이라고 여기는 경우가 많은데, 이에 도전하는 생각 실험을 해 볼게요.

빛이 가려진 상태에서 소파에 누운 채로 비몽사몽 깨어났다고 생각해 보세요. 시계를 보았더니 2시였고, 여러분은 지금이 2시라고 믿었어요. 실제로 2시가 맞지만, 문제가 있어요. 시계가 열두 시간 전에 멈췄다는 사실을 모른 거예요.

지금이 2시라는 믿음은 진실이고 완벽하게 정당해요. 하지만 진실을 만든 것이 잘못된 근거라면 그 믿음이 과연 진실일까요? 여러분은 2시라는 사실을 정말로 안 걸까요?

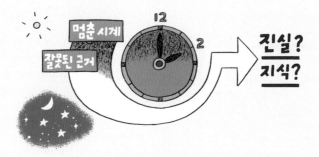

7장. 과학은 정말로 객관적일까?

우리는 정보가 넘치는 시대를 살아가고 있어요. 우리의 개인적인 견해를 뒷받침해 주는 여러 연구가 사방에서 넘쳐나죠. '최근의 연구에 따르면 우리가 가장 좋아하는 디저트가 실제로 우리에게 좋다고 합니다!' 이런 식으로 말이에요. 음……

과학은 편견으로부터 자유로운 객관성을 목표로 하지만, 이 목표의 실현이 과연 가능할까요? 우리가 듣고 싶어 하는 말을 대신 해 주는 것으로 과학을 이용하고 있지는 않을까요?

과학자들이 실험실에 편견을 가져가는 것은 분명해요. 어쩔 때는 과학자들이 측정하기 쉬운 연구 주제를 더 좋아하는 것 같아요. 이를 빛이 비추는 곳만 찾아다닌다는 뜻으로 '가로등 효과'라고 해요. 술에 취해 정원에서 지갑을 잃어버린 사람이 정작 정원은 내버려 두고 길에서 지갑을 찾으려 하는 것과 같아요. 정원은 너무 어둡기 때문이죠! 편견에 사로잡히는 건 어쩌면 인간의 본성일지도 몰라요. 편견을 피할 수 없다면 과학이 진정 옳을 수 있을까요?

진실은 유용하다

·:

월리엄 제임스의 생각

19세기 미국의 월리엄 제임스는 물리학을 공부하고 세계 최초로 심리학 교재를 썼을 뿐 아니라, 탁월한 철학자가 된 놀라운 사람이에요. 그는 과학자로서 잘못된 믿음인 편견을 최소화하는 데에 관심을 두었지만, 철학자로서는 '객관적 진실이란 없다'는 실용주의를 펼쳤어요.

실용주의는 진실을 '유용하다고 증명된 믿음'이라고 정의해요. 사실에 대응하는 믿음은 일반적으로 유용해요. 또, 논리적으로 서로 연결할 수 있는 믿음도 일반적으로 유용해요. 그래서 제임스는 앞서 논의된 여러 이론과의 연속성이나 관련성을 기쁘게 받아들였어요. 수전 하크처럼 여러 이론이 서로 보완할 수 있다고 여긴 것이죠. 하지만 그의 실용주의는 이론들을 결합하는 것 이상이었어요. 그는 어떤 믿음이 유용하다고 밝혀지는 데에 반드시 연속성이나 관련성이 있어야 하는 건 아니라고 했어요.

제임스는 특히 종교적 믿음의 정당화에 관심이 있었어요. 종교적 믿음은 관찰할 수 있는 사실에 대응하지 않아요. 논리적이기라기보다는 신비

롭죠. 그럼에도 종교적 믿음은 유용하다고 증명될 수 있어요. 삶의 희망을 주고, 선행을 해야 한다고 생각하게 하고, 다른 사람들과 연결해 주니까요. 여러분에게 종교적 믿음이 그런 역할을 한다면 그건 여러분에게 진실이에요. 진실은 각자에게 다른 것일 수도 있어요.

제임스는 실용주의를 종교뿐 아니라 과학을 포함한 삶의 모든 영역에 적용하려고 했어요. 진실은 돌 위에 적힌 문구가 아니라, 우리 각자가 겪는 새로운 경험을 이전의 경험과 결합하는 과정이에요.

그 예시로, 제임스는 죽은 자와 대화할 수 있다고 주장하는 한 여성을 탐구한 적이 있어요. 그는 이전에 영혼을 부른다는 사기꾼이나 진짜 영적인 능력이 있는 사람을 만난 경험이 있었어요. 여기에 이 여성과 만난

경험을 결합시켜야 했죠. 그 뒤로 몇 년 동안 그는 이 여성의 주장이 진짜라고 믿었어요. 나중에는 거짓이었다고 판단했지만요.

실용주의는 우리가 원하는 무엇이든 진실이 될 수 있다고 말하지 않아요. 그건 '검증되지 않은 편견' 혹은 '정직하지 않고 위험한 사고방식'이에요. 무언가를 믿기 전에는 그것이 맞거나 틀리다는 근거를 열심히 모아야 해요. 장기적으로 볼 때, 사실을 무시하는 것은 유용하지 않다는 것을 알고 있어서예요. 하지만 증거가 결정적이지 않더라도 그것이 유용하다면, 우리에게는 그것을 믿을 권리가 있어요. 즉, 어떤 주장을 진실이라고 판단해도 돼요. 다만, 이러한 판단이 절대 최종일 수 없어요. 현명한 사람은 항상 자신의 믿음을 새 경험의 빛으로 비추는 일에 열려 있는 법이니까요.

틀릴 수도 있는 예측을 하여
객관성에 다가선다

칼 포퍼의 생각

'과학은 실용주의자가 믿는 것보다 객관성의 이상에 훨씬 더 가까이 다가서게 해 준다.' 이는 20세기 오스트리아의 철학자인 칼 포퍼의 주장이에요. 포퍼는 학교에서 아이들에게 과학적 방법을 가르칠 것을 촉구했죠. 과학적 방법은 이렇게 정리해 볼 수 있어요.

1단계 : 문제(이해하기 어려운 관찰)가 무엇인지 정의하기

    예 "호주의 백조는 왜 모두 검은색일까?"

2단계 : 가능한 설명을 하기

    예 "호주에서는 눈을 좀처럼 보기 어렵고, 물은 타닌 성분을 포함하여 어둡다. 백조는 위장을 위해 검은색을 하고 있다."

3단계 : 설명을 시험하기

    예 "눈이 내리는 지역의 백조는 모두 하얀색이어야 한다."

이 설명을 시험하는 방법이 '눈이 내리는 지역의 백조가 모두 하얀색일 것'이라는 증거를 찾아 옳다고 증명하는 걸까요? 포퍼는 세 가지 이유를 들어 이러한 입증을 거부했어요. 첫째, 눈이 내리는 지역에 있는 백조를 전부 확인할 수는 없어요. 둘째, 만약 그렇게 한다 쳐도 검은 백조가 눈이 내리는 지역에 살지 않는다고 증명할 수 없어요. 셋째, 입증하려고 할수록 편견이 더 강해져서 원하는 것만 보려고 할 거예요.

그러니 옳다고 증명하는 근거를 찾기보다는 반대되는 근거를 찾아야 해요. 즉, 눈이 내리는 지역에서 검은 백조를 찾는 거예요. 경쟁 관계에 있는 과학자들을 초대하면 더욱 좋아요. 만약 검은 백조가 하나라도 발견된다면 그때는 이 이론이 틀렸다는 반대의 예시를 찾은 거예요. 하지만 하나도 찾지 못한다면 원래의 이론이 맞다는 뜻이죠.

포퍼는 '반대되는 근거를 찾아 옳지 않다고 증명할 수 있지만(반증할 수 있지만), 아직 그렇지 되지 않은 이론'이 가장 좋은 과학이라고 주장했어요. 반대로 반증할 수 없는 이론은 과학이 아니에요.

예를 들어 포퍼는 정신 분석학이 과학은 아니라고 주장했어요. 한 남자가 우울해서 프로이트에게 갔다고 쳐 보세요. 남자는 꿈 이야기를 했어요. 프로이트는 억눌린 욕망 때문에 그런 꿈을 꾸었다고 했어요. 프로이트가 단지 이야기꾼이 아니라 과학자라면 그 설명이 맞는지 시험해야 해요. 하지만 꿈에 관한 이론을 어떻게 반증해야 할까요? 정신 분석은 모호하기 때문에 반대되는 근거를 찾아 틀렸다고 증명할 수 없어요.

과학 이론은 틀렸다고 입증할 수 있는 특정한 예측을 해야 해요. 예를 들어 우울함의 원인이 비타민 부족이라면 '비타민을 복용하면 기분이 나아질 것'이라고 예측할 수 있어요. 비타민을 먹고도 기분이 나아지지 않거나 심지어 나빠진다면 그때는 다시 처음으로 돌아가서 새 이론을 세워야 해요.

예측은 틀릴 수도 있기에 위험해요. 하지만 포퍼의 시각에서 그건 좋은 거예요. 실패를 감수함으로써 우리는 우리의 편견에 맞설 수 있죠. 과학자는 절대 순수하게 객관적일 수는 없지만, 시행착오를 통하여 그에 가까이 다가갈 수 있어요.

모든 진실은
패러다임과 관련이 있다

❖

토머스 쿤의 생각

20세기 미국의 철학자 토머스 쿤은 과학이 왜 틀릴 수 있는지에 대한 포퍼의 설명에 동의했죠. 포퍼는 과학자들이 새로운 이론을 제안할 때 이전의 이론을 반증하는 관찰을 하게 했어요. 하지만 쿤은 과학자들이 자신의 이론을 방해하는 관찰을 무시하거나 설명에서 빼는 경향이 있다고 지적했어요.

북극에서 드디어 검은 백조를 발견했다고 쳐 볼게요. 앞서 내세운 위장 이론을 고수하면서 돌연변이나 기후 온난화를 이유로 검은 백조를 설명하려 할 수 있어요. 또는 위장 이론을 포기하고 그 대신에 태양에 그을리는 것을 막기 위해서 검은 색소가 필요하다는 이론을 내세울 수도 있어요. 위장 이론이나 색소 이론은 모두 진화론과 관련이 있어요. 어떤 과학자도 검은 백조를 진화론에 대한 도전으로 여기지는 않아요. 어떤 경우에든 진화론과 관련지어 설명하려고 할 거예요. 과학자들은 진화론이 틀렸다고 입증하기보다는 맞다고 확인하면서 이론적인 틀을 공유하죠.

쿤은 과학자들이 공유하는 이론적인 틀을 '패러다임'이라 불렀어요. 그러면서 과학적 탐구의 대부분은 패러다임 안에서 발생한 이슈에 대하여 옥신각신하는 데에 불과하다고 했어요. 쿤도 수전 하크처럼 과학을 십자말풀이를 비유했지만, 이유가 달랐어요. '과학은 십자말풀이처럼 테두리를 벗어나서는 활동할 수 없다.'라면서 한계를 강조했거든요.

쿤은 과학의 역사에서 그 테두리가 뒤집히는 위기의 순간이 있다는 걸 알아차렸어요. 16세기에는 모든 사람이 지구가 우주의 중심이라고 믿었어요. 천문학자는 왜 밤하늘을 가로지르는 행성의 경로가 그토록 불규칙해 보이는지 설명하려고 '지구 중심 이론'을 더욱 정교하게 만드느라 바빴어요. 그러다가 태양이 우주의 중심이 있을 때 밤하늘의 풍경이 더 이치에 들어맞는다는 사실을 깨달은 사람이 나타났어요. 천문학자 니콜라우스 코페르니쿠스의 '태양이 아니라 지구가 움직인다'는 새로운 개념은 혁명적이었어요. 그래서 환영받지 못했죠. 하지만 천천히 천문학의 패러다임으로 자리를 옮기게 되었어요.

만약 북극에서 발견된 검은 백조가 처음 나타난 변칙이고 이것이 점차 늘어나서 진화론을 거부해야 할 정도에 이르면, 모든 변칙에 완벽하게 들어맞는 새로운 패러다임이 필요할 거예요. 진화론이 틀렸다고 입증할 수 있을까요? 지금은 대부분의 생물학자가 그 가능성을 상상조차 하기 힘들 거예요. 아마도 당장은 그런 일이 절대 일어나지 않겠지만, 그렇다고 해서 지금 우리의 이론들이 언제까지나 반드시 옳을 거라는 생각은 착오예요. 500년쯤 뒤의 미래로 시간 여행을 갈 수 있다면, 지금의 패러다임 가운데 얼마나 많은 것이 바뀌었는지를 발견하고 놀라지 않을까요?

쿤의 시각은 경탄할 만한 것이었어요. 패러다임은 지식에 대한 기준을 제공하기 때문에 모든 진실은 패러다임과 관련이 있어요. 우리는 모두 패러다임 안에서 '합리적이거나 탄탄한 증거를 가진' 판단을 해요. 그렇게 해서 과학적인 주장은 '객관적'이라 불릴 수 있지만, 자신이 속한 패러다임 안에서만 그렇죠.

현대 과학은
보이지 않는 감옥이다

미셸 푸코의 생각

쿤은 모든 과학 이론이 그 이론이 만들어진 틀 안에서만 객관적이라고 했어요. 20세기 프랑스의 철학자 미셸 푸코도 이에 동의하며 과학의 본질에 대하여 충격적인 의견을 냈어요. 푸코는 이론적 틀을 '패러다임'이 아니라 '담론'이라고 불렀어요.

기독교가 중심인 중세 시대에는 사람들 앞에서 이상하게 구는 사람은 초현실적인 힘의 지배를 받는다고 여겼어요. 이 사람이 맞는 말을 하면 신의 뜻을 전하는 사도라고 하고, 틀린 말을 하면 마녀나 악마라며 벌을 내렸죠.

오늘날에는 이런 행동을 하면 흔히 정신적으로 문제가 있다고 여겨져서 병원에 가야 해요. 그곳에서 의사의 진단을 받고, 치료를 받고, 감시를 받고, 보살핌을 받아요. 이런 사실을 두고 우리 사회가 인간의 존엄성이라는 측면에서 큰 발전을 이루었다고 생각할 수도 있어요. 하지만 푸코에 의하면 중대 시대의 종교와 현대의 과학은 서로 다른 두 개의 이론적 틀(담론)일 뿐이에요. 하나의 틀이 다른 틀보다 낮다고는 할 수 없어요. 사실 둘은 권력을 추구한다는 점에서 같아요. 푸코는 담론이 권력을 추구하면서 권리를 박탈당한 이들에게 불행한 결과를 가져왔다고 주장했어요.

수감자들이 각자의 방에 갇혀 있는 감옥을 상상해 보세요. 경비원이 높은 위치에서 감옥을 감시하고 있어요. 모든 수감자를 항상 지켜보지는 못하지만, 누구든 언제든지 지켜볼 수 있어요. 수감자는 경비원에 대해 알지만, 수감자들끼리는 서로를 볼 수 없죠. 18세기의 철학자 제러미 벤담은 이러한 원형 감옥을 떠올리고 '파놉티콘'이라고 불렀어요. 파놉티콘은 그 안의 사람들을 통제하는 기발한 수단이에요. 그 안에서는 사생활도 자유도 전혀 없어요. 사람들은 사방으로 완전히 노출되어 감시당하면서 미처 알지 못한 사이에 감시자의 바람을 자신이 원하는 것이라고 느끼게 돼요. 자기 자신이 스스로 감시하는 것처럼 말이에요.

푸코는 현대 과학이 보이지 않는 파놉티콘을 만들었다고 주장했어요. 과학은 해부하듯이 우리를 샅샅이 연구하고 조사하고 감시하지만, 우리는 그 사실을 절대 알 수 없어요. 그래서 나중에는 관찰자의 기대가 우리 속에 깊게 자리 잡게 되죠.

물론 과학자들이 우리를 일일이 따라다니지는 않아요. 하지만 우리는 여러 매체들이 발표하는 과학적인 연구 결과에 노출되어 있어요. 알게 모르게 매일 그것들을 접하면서 과학자들이 바라는 분류, 장애나 건강의 기준을 그대로 받아들이게 돼요. 결국 과학의 통제를 받는 것이나 다름없어요.

푸코는 특히 성에 대하여 관심이 있었고, 푸코의 연구는 페미니즘 철학자들에게 영향을 주었어요. 페미니즘 철학자들은 백인 남성이 어떻게 여성과 유색 인종을 역사 속에서 지배해 왔는지를 밝히려고 했죠.

논리적인 오류들

19세기 미국의 철학자이자 과학자이면서 논리학자인 찰스 샌더스 퍼스는 이런 글을 남겼어요. '과학의 각 주요 단계는 논리에서 교훈이 되었다.'

추론에 대한 연구를 '논리학'이라고 해요. 논리학자는 좋은 추론의 모델을 세울 뿐 아니라 나쁜 추론을 분석하기도 하는데, 나쁜 추론의 예시를 '오류'라고 불러요. 이 중에 형식적인 오류는 수학적으로 증명할 수 있어요. 다음 예시를 보세요.

1. 모든 물고기는 비늘이 있다.

2. 이 생명체는 비늘이 있다.

3. 그러므로 이 생명체는 물고기다.

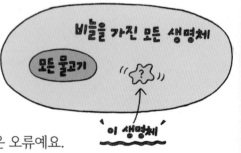

오른쪽 그림을 보면 어떤 생명
체는 '비늘을 가진 무리'의 구성
원이지만, '물고기 무리'의 구성원은
아닐 수도 있어요. 그러므로 이 추론은 오류예요.

이와 달리 일상적인 오류는 수학적으로 증명될 수 없어요. 가장 흔하게 일상적으로 생기는 오류를 모아 보았어요. 한번 살펴보세요.

· **군중에 호소하는 오류** : 많은 사람의 지지에 기대서 잘못 추론한다.

　📖 신을 믿는 사람들이 전 세계에 몇백만 명은 된다. 그러니 신은 틀림없이 존재한다.

· **인신공격** : 개인적인 특성에 기대서 잘못 추론한다.

　📖 비트겐슈타인은 괴짜다. 그래서 그의 철학적인 견해를 받아들이지 않겠다.

· **무지에 호소하는 오류** : 빠진 정보에 기대서 잘못 추론한다.

　📖 아무도 영혼이 존재하지 않는다는 사실을 증명하지 않았으니 영혼이 존재한다고 생각한다.

· **권위에 호소하는 오류** : 권위에 기대서 잘못 추론한다.

　📖 아퀴나스는 가톨릭교회에서 중요한 인물이다. 그래서 그의 의견을 믿는다.

· **피장파장의 오류** : 상대방의 잘못을 들추어 자신의 잘못을 정당화한다.

　📖 나는 그의 주장이 터무니없다고 생각한다. 하지만 그도 마찬가지로 다른 사람의 주장을 터무니없다고 여겼다.

· **성급한 일반화의 오류** : 너무 작은 예시나 샘플에서 결론을 끌어낸다.

　📖 하이데거의 철학을 공부했지만 전혀 이해가 안 간다. 그래서 철학을 공부하지 않기로 했다.

· **허수아비의 오류** : 상대의 이야기를 왜곡하여 비슷하지만 전혀 다른 허수아비를 정해 놓고 공격한다.

　📖 '이라크에서 철군을 고려해야 한다.'라는 말에 '지금 당장 철수해야 한다

고 주장하는 사람들이 있는데, 그러면 큰일 난다.'라고 응수한다.

·**사후 분석(인과 혼용)의 오류** : X 다음에 Y가 이어질 때 X가 Y의 원인이라고 여긴다.

 예 결혼하면 더 많이 싸운다. 그러니 결혼은 나쁜 제도다.

·**거짓 딜레마** : 인위적으로 제한된 선택을 보여 준다. 실제로는 몇 가지 선택 사항이 있는데 이거 아니면 저거밖에 없는 것처럼 군다.

 예 이 목표를 이루지 못하면 내 삶은 의미가 없다.

·**체리 피킹** : 자신의 편협한 생각을 확인하는, 유리하고 마음에 드는 증거만을 사용한다.

 예 철학자의 두뇌가 평균보다 크다는 1975년의 연구 결과를 보았다.

·**논점 절취(선결 문제 요구)의 오류** : 자신의 결론과 매우 유사한 것을 전제에 포함시켜 정당한 추론처럼 사용한다.

 예 나는 이상주의를 선호한다. 왜냐하면 그것을 가장 좋아하기 때문이다.

일상적인 오류에 대한 판단은 상황과 문맥에 달려 있어요. 이 오류들은 보통 논쟁에 부적합하지만 간혹 그렇지 않은 경우도 있죠. 예를 들어 '대부분의 사람들이 원한다면 피자를 주문해야 한다.'라는 '군중에 호소하는 오류'는 적합해요.

잘 살펴보면 정치에서 오류들이 자주 쓰인다는 것을 알 수 있어요. 하지만 과학자와 철학자는 추론에서의 실수를 경계해야 해요. 논리학은 오류를 탐색하는 체계적인 방법이에요.

"신을 믿는 사람들이 전 세계에서 몇 백만 명이다. 그러니, 신은 존재해야만 한다."

"비트겐슈타인은 괴짜다. 그래서 나는 그의 철학적 견해를 진지하게 받아들이기를 거부한다."

과학자와 철학자는 추론에서의 실수를 경계해야 해.

퍼스

"아무도 영혼이 없는다는 증명하지 그래서,

존재하지 사실을 않았다.

나는 영혼이 존재한다고 추측한다." "아퀴 나스는 가톨릭교회의 박사다. 그래서 나는 그가 인간 존재가 자유 의지를 가졌다고 말할 때 그를 믿는다." "나는 아우구스투스의 주장이 터무니없다고 생각한다. 하지만

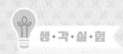

양자와 고양이

20세기 오스트리아 출신의 아일랜드 물리학자
에르빈 슈뢰딩거의 생각으로부터

양자 물리학에 따르면 입자는 다른 입자와 상호작용하기 전까지 불확정 상태로 존재할 수 있어요. 양자 물리학이 주장하는 다음 명제를 보세요.

입자 X는 'S'와 'S가 아닌' 사이에서 불확정 상태다.
입자 Y와 상호작용하기 전까지는.

그런데 이를 일상적인 사물로 바꿔 생각하면 허무맹랑한 소리처럼 들려요. 예를 들어 'X'를 고양이, 'S'를 살아 있는 상태, 'S가 아닌'을 살아 있지 않은 상태, 'Y'를 여러분 자신이라고 쳐 보세요.

고양이는 살아 있거나 살아 있지 않거나 정해져 있지 않다.
나와 상호작용하기 전까지는.

이게 대체 무슨 말이죠? 에르빈 슈뢰딩거는 고양이와 폭탄이 들어 있는

밀봉된 상자를 상상해 보라고 했어요. 폭탄에는 무작위 폭파 장치가 장착되어 있어서 터질지 안 터질지, 상자를 열고 그 안을 보기 전까지는 정해져 있지 않아요. 상자를 여는 바로 그 시점이 이쪽이든 저쪽이든 어느 한쪽으로 결정되는 순간이에요.

슈뢰딩거는 양자 물리학에서 주장하는 양자의 상태가 불합리하다는 주장을 하려고 이 생각 실험을 했어요. 불확정성이 일상의 사물에서 일어날 수 없다면 양자의 세계에서도 일어날 수 없다는 거였죠. 하지만 사람들은 오히려 여기에서 반대의 결론을 끌어냈어요. '불확정성이 양자 수준에서 일어난다면 일상의 사물에서도 일어날 수 있다.'라고 말이에요. 그런데 관찰도 상호작용이라고 할 수 있을까요? 관찰하는 것만으로도 현실에 영향을 미쳐서 결과를 바꿀 수 있을까요? 만약 그렇다면 관찰을 토대로 하는 과학을 어떻게 객관적이라고 할 수 있을까요?

3부

바르고 아름다운 삶

좋은 삶을 위한 탐구(윤리학)와 예술에 대한 탐구(미학)를 철학에서는 '가치론'이라고 해요. 삶과 예술은 서로 마주 보는 관계예요. 여기에서 오래된 질문이 나왔죠. 예술이 삶을 모방할까요? 삶이 예술을 모방할까요?

철학은 삶과 예술 모두에서 아름다움을 찾고 있어요.

여러분의 삶을 커다란 캔버스라고 생각해 보세요. 거기에 무엇을 그리고 싶나요? 이미 그려 온 것들은 지울 수 없어요. 하지만 불행한 흔적을 의미 있는 배경으로 바꿀 수는 있죠. 매일 아침에 잠에서 깰 때마다 위대한 예술 작품을 조금씩 완성해 가는 거예요.

소설이나 영화 속에 등장하는 캐릭터 가운데 좋아하는 인물이 있나요? 왜 그 인물을 좋아하나요? 그 사람이 여러분에게 긍정적인 롤 모델이 되어 줄 수 있을까요? 가공의 인물이 현실의 나의 삶에 도움이 될까요? 만약 여러분이 작품 속에 등장하는 인물이라면 여러분의 이야기를 통하여 사람들에게 무엇을 가르쳐 줄 수 있을까요?

8장. 좋은 삶에는 무엇이 필요할까?

우리는 다양성을 추구하는 시대를 살아가고 있어요. 오늘날에는 좋은 삶에 대한 단 하나의 모델이 있을 거라고 누구도 기대하지 않아요. 다양성의 존중이 판단을 더 어렵게 한다는 뜻은 아니에요. 오히려 다양한 가능성을 검토할 수 있어서 우리에게 가장 좋은 삶이 무엇인지 충분히 고려할 수 있죠. 별다른 일이 없다면 우리는 80년 이상을 살 거예요. 그 시간으로 무엇을 할 건가요?

사람들은 삶 전체를 바라보면서 그 가치를 제대로 알려고 하지 않은 채, 그저 더 많이 성취하려고 애쓰면서 살아가요. 그러다가 말 못 할 고민에 잠들지 못하는 까만 밤이나 누군가의 장례식장을 다녀온 뒤나 어려운 경험을 한 뒤에야 비로소 자신의 삶의 가치에 대해 질문을 던져요.

삶의 마지막 순간에 이르러 "좋은 삶을 살았다."라고 말하는 것보다 더 중요한 일이 있을까요? 사실 그때까지 미룰 필요가 없어요. 지금 바로 질문해 보세요. 무엇이 좋은 삶을 만들까요?

자연과 조화를 이루어야 한다

＊

노자의 생각

집 근처에 공원이 있나요? 푸르른 나무 사이를 가볍게 걷고, 고개를 들어 하늘을 물들이는 아름다운 노을의 빛깔을 잠시 바라보세요. 신선한 공기를 흠흠 들이마시거나 꽃향기를 맡아도 좋아요. 어떤 기분인가요?

자연이 우리를 위하여 무엇을 할까요? 왜 그렇게도 많은 사람이 위대한 자연과 교감하는 순간이 가장 만족스럽다고 여길까요? 인류가 오래전부터 자연 속에서 진화했기 때문일까요? 아니면 자연 덕분에 우리가 번영했기 때문일까요?

기원전 6세기경 중국의 철학자 노자는 좋은 삶을 '자연과의 조화'라고 정의했어요. 노자는 '나이가 많은 현명한 사람'이라는 뜻이에요. 그래서 실제로 존재했던 사람인지 명확하지 않아요. 하지만 여전히 도교를 창시한 전설적인 사람으로 알려져 있어요. 앞에서 이미 장자를 통하여 도교에 대해 이야기했죠.

도교는 일곱 나라가 끊이지 않고 전쟁을 하던 시기의 중국에서 시작되었어요. 그래서 노자가 평화를 지키려면 야망을 버려야 한다고 가르쳤다는 사실이 놀랍지 않아요. 하지만 도교를 따르는 사람들에게 '비폭력'은 단지 정치적인 해결 방법이 아니고, 하나의 삶의 방식이에요.

노자는 '무의(無依)'를 강조했어요. 설명하기 어렵지만, '우주의 섭리를 따라 살며 관여하거나 반응하지 않음' 정도로 표현할 수 있을 것 같아요.

자연 속에서 규칙적인 생활을 하면서 인간은 하루와 계절에 대한 리듬을 얻게 되었어요. 그리고 자연의 일부로서 이러한 리듬을 몸속에 지니게 되었죠. 우리는 인간이 만든 일정이나 규칙, 법 등으로 자연에 맞서지 말아야 해요. 그 대신에 자연의 영원한 힘이자 우주의 '도'에 둘러싸여 살아가야 해요. '도'는 우리를 포함한 모든 것에 흐르고 있어요. 노자는 이렇게 말했어요. "좋은 여행자는 계획을 세우지 않는다. 어딘가에 닿으려는 의도도 없다."

이 책에 나온 철학자는 대부분 교육을 많이 받고, 공부할 때 가장 행복하며, 좋은 삶을 살려면 성실히 배워야 한다고 확신했어요. 딱 한 사람 노자만 빼고요. 노자는 정식 교육이 야망으로 이어진다고 여겼어요. 그는 문명을 부패한 영향으로 보고, 복잡한 이론으로 논쟁하기보다는 단순함과 인류를 향한 공감 능력을 키우는 게 더 낫다고 생각했어요.

자연과의 조화는 기후 환경의 위기에 놓인 지금의 우리에게 더욱 중요하게 여겨지는 사고방식이에요. 노자의 생각은 우리가 다른 생명과 더불어 좋은 삶을 살기 위한 정신적 토대를 제공해요. 황폐한 지구에서 좋은 삶을 그리기는 아무래도 어려운 일 아닐까요?

욕망을 다스려야
고통에서 벗어날 수 있다

✳

싯다르타 고타마의 생각

기원전 4~5세기경 인도의 철학자인 싯다르타 고타마(석가모니)는 불교의 창시자예요. 6장에서 잠시 불교에 대하여 이야기했어요. 고타마는 '자연이 좋은 삶의 비결'이라는 노자의 생각에 동의하지 않았을 거예요. 전설처럼 내려오는 그의 이야기를 들으면 그 이유를 알 수 있어요.

고타마는 왕자로 태어나 왕궁에서 자랐어요. 젊은 나이에 결혼하여 아들도 얻었죠. 그때까지 왕인 아버지는 그를 왕궁 밖의 세상과 만나지 못하게 막았어요. 하지만 어느 날 고타마는 왕궁을 벗어나 자신을 바꿔 놓을 네 가지를 보고 말았어요. 나이 든 사람, 아픈 사람, 죽은 사람, 그리고 고행하는 사람이었어요. 앞의 세 사람을 본 고타마는 왕궁에서 누리는 자신의 삶이 거짓이라는 사실을 깨달았어요. 부나 권력이 아무리 많아도 이 세상에 태어난 이상 언젠가 늙고 병들어 죽는 일을 막을 수는 없으니까요. 우리에게 주어진 자연의 조건은 어쩔 수 없이 고통을 가져와요.

고타마는 고행하는 사람에게서 물리적 현존을 벗어날 영감을 얻고는 가족을 뒤로한 채 길을 떠났어요. 여러 지역을 돌아다니며 천천히 지혜를 쌓은 뒤에 마침내 깨달음을 얻었죠. 1장에서 이야기한 것처럼 인도에서는 오래전부터 환생을 믿었어요. 환생에 의하면, 사람은 육신이 죽고나서 다시 태어나 또 다른 물리적인 삶을 시작하므로 물리적 현존에서 벗어날 수 없어요. 고타마는 깨달음을 '열반'이라 여겼어요. 열반은 수레바퀴가 도는 것처럼 생과 사를 반복하다가 마지막에 해방되어 다시 태어날 필요가 없어지는 거예요. 고타마는 열반에 들어 '깨달은 자'라는 뜻의 부처라 불리게 되었죠.

그는 무엇을 하든 물리적 욕구로부터 멀어지려고 애써야 한다고 가르쳤어요. 그러면 귀족이든 평민이든 많이 배웠든 적게 배웠든 상관없이 누구라도 깨달음에 이를 수 있다고 했어요. 연꽃 이파리에 맺힌 물방울은 이파리에 들러붙지 않고 그저 얹혀 있을 뿐이에요. 마찬가지로 현명한 사람은 보이는 것, 들리는 것, 감각하는 것에 집착하지 않아요.

모든 인간은 욕구를 가졌어요. 욕구를 완전히 없앨 수는 없어요. 우리가 음식을 원하는 건 자연스러운 일이에요. 살려면 먹어야 해요. 하지만 음식에 대한 욕구에서 멀어져 노예가 되지 않는 법을 배울 수 있어요. 갑자기 단 것이 당기면 산만해지지 않나요? 감각적인 즐거움에 몰두하는 쾌락주의자는 욕망에 쉽게 중독돼요. 그 결과 불필요한 고통을 겪게 되고요. 불교에서는 명상을 통하여 물질계의 유혹을 피하려고 해요. 그렇게 해서 고통에서 벗어나려는 거예요.

삶은 신성한 축제다

✳

힐데가르트 폰 빙겐의 생각

불교에는 신이 없어요. 반면, 서양 문명에서는 20세기까지도 공식적으로 신에 대한 믿음이 필요했어요. 신에 대한 불신은 도덕에 대한 불신이나 마찬가지였어요. 그래서 무신론자는 사회를 위태롭게 하는 나쁜 사람으로 취급받았어요. 물론, 생각과 표현의 자유에 대한 어떤 제한도 철학에 어긋나요. 철학은 어디에서나 진리를 찾으니까요. 역사 속 많은 철학자의 꾸준한 노력이 있었기에 오늘날 우리가 지적 다양성을 누릴 수 있게 되었어요.

기독교 문화에서 철학자들은 여러 방식으로 신을 대했어요. 속으로는 신을 믿지 않지만 필요할 때면 신을 믿는다고 말하는 이도 있었고, 아무도 확실히는 모르지 않냐며 자신도 잘 모르겠다는 이도 있었죠. 또 한편으론 신실한 믿음으로 신을 열정적으로 섬기는 이도 있었어요.

12세기 독일의 철학자 힐데가르트 폰 빙겐은 마지막 부류에 속해요. 중세 시대 여성이라면 당연히 아이를 낳아 길러야 했지만, 그녀는 수녀가 되어 그런 부담에서 벗어났어요. 수도원에서 읽고 쓰는 법을 배운 뒤에 계속해서 새로운 수도원을 찾아 교회의 부패에 반대하는 설교를 하고, 약과 식물에 대한 책을 출간했어요. 힐데가르트는 그 당시 드물었던, 특히 여성은 거의 하지 않았던 많은 일을 했어요.

힐데가르트는 오랫동안 두통으로 고통받았어요. 하지만 분명 삶을 최대한으로 활용했어요. 그녀의 비밀은 음악에서 받은 황홀한 영감이었어요. 그녀는 어릴 때부터 '치터'라는 악기를 연주했어요. 그리고 40대가 되어 작곡을 하기 시작했어요. 힐데가르트가 남긴 음악은 오늘날에도 즐겨 연주되고 있죠. 힐데가르트는 음악을 신성하다고 여겼고, 모든 것에서 신성함을 발견했어요. 그녀는 이렇게 썼어요. '그러니 노래하라! 축하에 인색하지 말라. 신을 섬기는 축제에서 게으름을 피우지 말라. 열정으로 불타올라라. 우리를 신의 제단 앞에서 불타는 제물로 살게 하소서.' 와! 우리 중 얼마나 많은 이가 하루를 마주하여 이렇게 신나게 살 수 있을까요?

힐데가르트 말고도 음악이 좋은 삶에서 중요한 역할을 한다고 한다고 주장한 사람들이 있었어요. 이 책에서도 공자, 아리스토텔레스, 니체 같은 예를 찾아볼 수 있죠. 음악과 신이 모두를 위한 것은 아닐지도 몰라요. 하지만 힐데가르트는 삶에서 열정이 얼마나 중요한지를 말하려고 한 것 같아요. 아마도 우리 각자에게 황홀한 영감을 주는 그 무엇이 있을 거예요. 그것이 두렵고 고통스러운 삶을 진정 좋은 무언가로 바꿀 수 있어요.

눈부시게 찬란한
이 순간을 즐겨야 한다

✳

알베르 까뮈의 생각

20세기 프랑스의 지배를 받던 알제리 출신의 알베르 까뮈는 정확히 힐데가르트 폰 빙겐의 반대 지점에 있는 철학자예요. 까뮈는 신의 존재를 부정했을 뿐 아니라, 종교적인 충동에 공개적으로 적대적인 태도를 보였어요. 까뮈가 주장하기를, 종교가 가진 문제는 죽음 이후의 빛나는 미래를 고대하며 현재의 삶을 살아낼 수 있다는 생각, 그런 희망을 부추기는 거예요.

까뮈에게 희망은 끔찍한 거짓말이었어요. 모든 인간의 삶은 결국 흔적도 없이 사라져요. 고대할 만한 '천국'도 '열반'도 '도'도 존재하지 않아요. 노래를 짓든 사원을 세우든 그 어떤 새로운 해결 방법을 생각해 내도 이러한 모든 노력은 절대적으로 무의미해요.

하지만 까뮈는 여전히 좋은 삶을 살 수 있는 가능성이 있다고 생각했어요. 죽음을 어쩔 수 없는 최후의 사실로 받아들이고 어쨌든 살겠다고 굳게 다짐하는 거예요.

까뮈는 그리스 신화의 시시포스 이야기를 가져와서 이러한 생각을 설명한 것으로 유명해요. 시시포스는 신들을 화나게 한 왕이에요. 신들은 벌을 내리려고 시시포스에게 하루 종일 무거운 바위를 산 위로 밀어 올리라고 했어요. 시시포스가 꼭대기에 닿으면 신들은 다시 바위를 아래로 밀었죠. 다음 날이면 시시포스는 다시 바위를 위로 밀어 올려야 했어요. 시시포스는가 받은 벌은 아무 의미도 가치도 없는 일을 하고 또 하고 영원히 계속하는 거였어요.

까뮈가 보기에 인간의 삶은 시시포스가 받은 벌과 같아요. 우리는 매일매일 일과 인간관계에서 오는 문제와 마주해야 해요. 기진맥진할 때까지 힘들게 일하지만, 내일 또 같은 문제와 마주해야 하죠. 삶은 이렇게 계속 반복될 뿐이고 보상이 따르지 않아요. 우리는 우주가 질서정연하고 가치 있기를 바라지만, 큰 그림을 그려 보면 그 이상은 아무것도 없어요. 이성적인 해결 방법은 오직 자살뿐이에요.

하지만 까뮈는 이런 질문을 던졌어요. '자살할 것인가, 아니면 맛있는 커피 한 잔을 마실 것인가?' 그는 용감하게 이성적인 해결 방법을 거부하고 그 대신에 우리가 처한 현실의 부조리를 받아들였어요. 우리는 운명 앞에서 체념하기보다는 유머를 가지고 받아들이기를 선택할 수 있어요. 까뮈는 큰 그림을 외면하고 불교가 금한 쾌락주의를 추구했어요. 그렇게 해서 유쾌하게 무심해지려 한 거예요. 그는 좋은 삶을 감각적인 즐거움에서 찾았어요.

까뮈는 해변에서 보내는 느긋한 오후를 좋아했어요. 파란 하늘과 따뜻한 모래, 소금기가 실린 바람, 콧노래, 섬세한 조개껍데기, 알록달록한 우산들, 사람들의 웃음소리, 사랑하는 사람과 함께 마시는 음료.

해변을 가 본 적이 없어서 잘 모르겠다고요? 지금 가진 건 그저 우유 한 잔이 전부라고요? 그래도 여전히 눈부시게 아름다운 지금 이 순간을 즐길 수 있어요. 이 순간은 아주 짧아요. 눈 깜짝할 사이에 금방 사라져 버릴 거예요. 하지만 그런 건 생각하지 않아도 돼요. 언제든 원할 때마다 지금 여기에서 즐기는 법을 배우세요. 까뮈가 말한 것처럼 우리에게 영원히 필요한 건 그게 다예요.

까뮈의 생각이 많은 사람의 가슴에 와닿았던 건 분명해요. 까뮈는 1957년에 노벨 문학상을 수상했어요.

감각적 즐거움

까뮈

삶은 무의미하지만,
즐길 수는 있지.
체념하기보다는 지금
맛있는 커피 한 잔을
마시는 거야.

평범한 삶도
좋은 삶이 될 수 있다

✳

알랭 드 보통의 생각

그런데 잠시 생각해 보세요. 왜 시시포스 왕에게서 우리 모습을 발견할까요? 어쩌면 우리가 스스로를 실제보다 부풀려서 생각하는 건 아닐까요? 스위스에서 태어나 영국에서 활동하는 철학자 알랭 드 보통은 인간의 잠재력에 대한 영웅적인 묘사가 기대치를 너무 높인다고 깊이 우려했어요. 소셜 미디어나 대중문화는 우리가 더욱 비현실적으로 높은 기대를 하도록 부추겨요. 스스로를 판타지 속 슈퍼스타와 비교하여 판단한다면 현실은 실망스러울 수밖에 없어요. 드 보통은 약간의 겸손을 권장했어요. '대단한 삶'을 목표로 하고 실패하기보다 '그렇게 나쁘지 않은 삶' 정도는 어떨까요?

드 보통은 우리가 겪는 문제의 원인이 일과 인간관계라고 여겼어요. 우리는 일을 통해 다른 사람들로부터 인정받고 정당한 보상을 받아야 하죠. 일은 우리의 열정과 재능을 발산하는 수단이 되어야 해요. 하지만 우리는 단지 더 많은 돈을 벌고 더 높은 지위를 얻기 위해 얻기 힘든 직

업을 가지려고 애써요. 인간관계도 마찬가지예요. 인간관계에서 가장 중요한 건 우리 자신으로 받아들여지는 거예요. 하지만 사회가 요구하는 결혼 생활은 우리에게 너무 많은 역할을 요구해요. 사려 깊은 배우자이자 희생적인 부모이면서 믿음직한 가장이고 멋진 연인이면서, 또 다른 많은 점을 갖춘 그런 사람이 되라는 건 재앙이나 다름없어요.

드 보통은 좋은 삶의 비법을 슈퍼스타가 될 필요가 없음을 깨닫는 거라고 했어요. 평범한 삶도 좋은 삶이 될 수 있어요. '감성 지능'과 함께한다면요.

모든 사람은 감정적인 욕구를 가졌어요. 애정을 향한 욕구처럼 일반적인 것도 있고, 좀 유별나거나 어린 시절 경험에서 기인한 것도 있어요. 어떤 사람은 자유가 필요하지만, 어떤 사람은 그보다는 안전이 더 중요해요. 또 어떤 사람은 신비가 필요하지만, 어떤 사람은 그보다는 정돈이 더 중요하고요. 우리는 종종 이렇게 상반되는 감정적 욕구가 있으며, 이들이 어떻게 갈등을 일으키는지 알아차리지 못해요. 감성 지능이 이에 대한 해결 방법이 될 수 있어요. 첫 단계는 자신의 감정적 욕구를 이해하는 거예요. 그러고 나서 다른 사람과 대화를 한 뒤에 그들도 감정적인 욕구를 가졌다는 사실을 이해해요. 다른 사람의 감정을 이해하면 일이나 인간관계에서 문제가 되는 행동을 막을 수 있어요.

감성 지능이 우리 세계를 괴롭히는 화나 공포, 슬픔을 완전히 제거하지는 못해요. 하지만 평범한 일상을 가치 있게 만들어 줄 만큼 부정적인 감정을 줄여 줄 수는 있을 거예요.

기계 속의 삶

20세기 미국의 철학자 로버트 노직의 생각으로부터

가상 현실 기술이 발달하여 이상적인 경험을 하게 해 주는 기계를 만들었다고 상상해 보세요. 여러분의 취향과 선호를 말하기만 하면 기계가 여러분을 위해서 완전히 새로운 삶을 창조해 줄 거예요. 주변 환경, 사람들, 자기 자신까지도 구체적으로 지정할 수 있어요. 이 기계는 여러분이 원하는 어떤 모험이든 하게 해 주고, 최대한의 즐거움을 안겨 주며, 고통은 최소한으로 줄여 줄 거예요.(그저 상상일 뿐이니 기계가 위험한지는 걱정하지 않아도 돼요.)

모든 꿈을 이루어 주는 이 기계에는 딱 한 가지 주의 사항이 있는데, 하루 동안만 시도해 볼 수 있다는 거예요. 그래서 선택해야 해요. 실제 삶으로 돌아올지, 기계 속에 머물지를요. 까뭐라면 기계 속에 머물렀을 거라고요? 하지만 로버트 노직은 까뭐가 완전하지 않은 자신의 삶에 그대로 머물기를 선택했을 거라고 했어요. 인간은 단지 그걸 하는 게 어떤 경험인지가 아니라, 실제로 그 일을 해 보고 싶어 하기 때문이에요.

도덕적 선택은 좋은 삶에서 큰 비중을 차지해요. 다행히도 대부분은 아주 간단해서 착하게 살려고 최선을 다하기만 하면 돼요! 굳이 철학자가 되지 않아도 좋아요. 하지만 더 어려운 도덕적 선택이나 '낙태'처럼 심각한 고민을 하는 경우도 종종 있죠. 아무리 사소한 도덕적 선택도 그 사람의 성품에 좋고 나쁜 영향을 미쳐요.

친구가 별로 마음에 들지 않는 모자를 선물했다면 솔직하게 반응해야 할까요? 그냥 마음에 드는 척하는 게 좋을까요? 이처럼 작은 선택에서도 '진실'과 '행복'이라는 두 가치가 충돌해요. 대부분은 둘 다 중요하다고 여길 거고, 보통은 둘 다 취할 수 있어요. 그게 가장 좋죠. 하지만 살다 보면 꼭 한쪽을 선택해야 하는 상황도 생겨요. 진실보다는 행복, 행복보다는 진실. 둘 중 어느 쪽을 선택하고 싶나요? 이건 중요한 질문이에요. 그리고 이것 말고 다른 중요한 질문들이 많아요.

어떻게 해야 옳은 선택을 할 수 있을까요? 그 방법을 제시하는 가장 영향력 있는 철학자들의 생각을 모아 보았어요.

신에 대한 사랑이
옳은 선택으로 이끈다

아우구스티누스의 생각

윤리에 대한 가장 오래되고 널리 퍼진 접근 방식은 종교를 통하는 거예요. 어떤 사람들은 사원이나 교회에서 옳고 그름을 배우는데 왜 철학에서 윤리를 다루는지 궁금해해요. 하지만 철학자는 서로 다른 종교적 시각의 사람들을 포함한 우리 모두가 학교나 일터 같은 일상의 영역에서 윤리를 논하는 공통적인 토대가 있어야 한다고 생각해요. 게다가 종교를 원하지 않는 사람들이 늘어나고 있죠. 그들도 윤리를 알아야 해요.

5세기 로마의 지배를 받던 시기의 북아프리카 출신 철학자인 아우구스티누스는 플라톤의 생각을 바탕으로 '신명론'을 발전시켰어요. 신명론은 도덕을 '신에 대한 복종'이라고 정의해요. 우리는 완벽하게 똑같거나 아름답거나 선한 것을 본 적이 없어도 '완벽함에 대한 생각'을 가졌어요. 이런 생각이 분명 어딘가로부터 왔을 테니 물질적 세계를 벗어난 다른 차원도 틀림없이 존재해요. 플라톤은 '형상의 세계'에서 모든 진실이 나온다고 여겼어요. 아우구스티누스에게는 '신의 정신'이 그랬죠. 신은 완벽하고, 모든 완벽한 생각을 알며, 그 생각을 바탕으로 이 세상을 창조했어요. 신에 대한 사랑은 진실에 대한 사랑과 같아요. 그래서 우리의 생각에 명령을 내리고 도덕적 지침을 제공해요.

아우구스티누스는 부도덕을 잘못된 것에 대한 사랑에서 온다고 느꼈어요. 신이 아닌 다른 것을 사랑하는 건 괜찮아요. 하지만 사랑할 만한 가치가 있을 때만 그래요. 단 것을 너무 많이 사랑하면 몸에 해로워도 그것을 자주 먹는 선택을 할 거예요. 더 나쁜 예로, 술을 너무 사랑하면 곧 어떤 좋은 선택도 할 수 없게 되겠죠. 아우구스티누스는 이렇게 썼어요. '나의 사랑은 나의 무게다. 그것이 나를 어디로든 데려다준다.'

신에 대한 사랑은 일반적으로 종교적 권위에 대한 복종을 뜻해요. 하지만 종교적 권위가 틀렸다고 믿는다면 불복종할 수도 있음에 주목하세요. 결국 신이 가장 높은 권위이고, 신은 양심을 통해 우리에게 직접 말할 수 있어요. 마틴 루터 킹을 비롯한 많은 종교 개혁가가 이를 이유로 기존의 종교적 권위에 복종하지 않았어요. 더 나아가 많은 철학자가 양심을 그 자체로 신성한 것으로 여겼어요. 그들에게는 신명론이 사회의 나머지 사람들이 틀렸다고 생각할지라도 자기 자신의 양심에 복종하는 일을 뜻했어요.

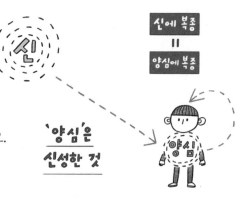

신에 복종
॥
양심에 복종

'양심'은 신성한 것

양심

도덕은
공동의 합의가 필요하다

✳

장 자크 루소의 생각

신이 우리 앞에 모습을 드러내 직접 명령을 내린다면 우리는 기꺼이 행복하게 복종할 거예요. 하지만 신은 절대 그렇게 하지 않아요. 신을 믿는 사람들은 그 대신에 성경과 같은 종교적 권위나 최종적으로는 양심에 기대야 해요. 하지만 양심은 대단히 주관적이에요. 윤리를 위한 좀 더 객관적인 토대는 없을까요?

18세기 프랑스의 철학자인 장 자크 루소는 문명 사회의 악이 개인의 판단을 너무나 타락시켜서 더 이상 양심만으로는 옳고 그른 판단을 하기에 충분하지 않다고 느꼈어요. 대신에 그는 '사회 계약론'을 주장하며 도덕을 '공익을 위하여 연합하려는 암묵적인 합의'라고 정의했어요.

4장에서 홉스는 문명이 생기기 전의 자연 상태를 '더럽고 가혹하고 짧다'고 했어요. 하지만 루소의 견해는 완전히 반대였어요. 루소가 보기에 인간은 본래 동정심을 가져서 다른 사람의 고통에 선천적으로 혐오감을 느껴요. 그래서 음식과 쉼터가 넉넉한 원시 세계에서는 모두 어울려서 잘 지낼 수 있었어요. 하지만 인구가 늘어나면서 문제가 생겼죠. 자원이 부족해지고 경쟁이 심해지자, 다른 사람에게 연민을 느끼기보다는 자신의 관심사를 우선시하게 되었어요. 더 나쁜 건 경쟁이 승자와 패자를 낳는다는 거예요. 승자는 부와 여가 시간을 더 많이 갖지만, 패자는 적은 돈을 벌려고 온종일 노동에 시달려야 해요. 다른 말로 하자면, 사회 계급이 생겨난 거예요. 홉스는 정치적인 시스템이 마련되지 않으면 이러한 불평등이 곧 서로를 죽고 죽이는 전쟁으로 이어질 거라고 했어요.

루소는 '사람은 자유롭게 태어난다. 하지만 어디서든 사슬에 묶여 있다.'라고 했어요. 왜일까요? 부를 소유한 사람이 자신의 부를 유지하는 데에 유리한 정치적인 시스템을 만들었기 때문이에요. 우리의 모든 선택이 불평등 때문에 왜곡된다면 도덕적인 삶을 살기란 불가능에 가까워요. 그렇다고 자연 상태로 다시 돌아갈 수는 없지만, 공익을 위하여 연합하려고 암묵적으로 합의할 수 있어요.

루소가 찬성한 정치적인 시스템은 직접 민주주의예요. 대표자를 선출하지 않고 모든 사람이 모든 일에 직접 투표하는 건데, 대부분의 나라에서는 실현되기 어렵죠. 그래도 여전히 사회 계약 윤리를 실천할 수 있어요. 예를 들면 열악한 환경의 공장에서 나온 신발은 사지 않아요. 한 사람을 돕기 위해서가 아니라 문제를 해결하기 위해서요. 루소에게 도덕은 공동의 합의가 필요한 것이었어요. 어떤 선택을 할 때 우리는 스스로를 한 개인이 아니라 '인류의 대리인'으로서 행동하는 존재로 여겨야 해요.

도덕적인 사람은
이성적이다

*

이마누엘 칸트의 생각

루소의 생각은 아름다워요. 하지만 안타깝게도 완전히 허구이기도 해요. 실제로는 누구도, 어떤 서류에도 사인하지 않기 때문에 윤리는 '이론으로만 가능한' 합의예요.

18세기 독일의 철학자 이마누엘 칸트는 윤리가 루소의 생각보다 더 강력하게 사람들을 묶는 역할을 할 수 있다고 생각했어요. 우리가 도덕적이어야 할 필요성은 이성의 법칙에서 오기 때문이에요. 이성은 '2+2=4'처럼 수학적으로 맞는 계산을 하게 해요. 같은 방식으로 이성은 도덕적으로 건전한 선택을 하게 하죠.

여기저기에서 많은 돈을 빌리고는 지구 반대편으로 사라져서 호화롭게 살아가는 똑똑한 사기꾼이 있다고 쳐 보세요. 이 사람을 칭찬할 수는 없어요. 하지만 그의 선택이 이성적이지 않다고 할 수 있을까요?

칸트는 그럴 수 있다고 했어요. 칸트의 시각에서 거짓 약속은 이성의 끔찍한 실수예요. 이성적인 사람은 일반적인 원칙을 따라요. 물을 마시러

간다면 '목이 마르면 물을 마셔야 한다.'라는 일반적인 원칙에 따른 거예요. 사기꾼의 원칙은 '돈을 얻으려면 거짓 약속을 해야 한다.'이죠. 두 원칙은 얼핏 똑같이 이성적으로 보이지만 중요한 차이점이 있어요.

물에 대한 원칙은 보편타당해요. 다시 말해 누구나 목이 마를 때 물을 마셔도 모순이 생기지 않아요. 인간은 평등한 존재이기 때문에 한 사람에게 도움이 되는 규칙은 모두에게 똑같이 도움이 되어야 해요. 다시 말해 우리가 따르는 법칙은 무엇이든 보편타당해야 하죠.

하지만 사기꾼의 원칙은 그렇지 않아요. 모든 사람이 거짓 약속을 하면 모순이 생겨요. 모두가 거짓 약속을 한다는 사실을 알면 아무도 약속을 믿지 않을 테니까요.

칸트는 거짓 약속을 하는 일이 '2+2=5'라고 우기는 일과 똑같다고 여겼어요. 도덕적인 사람이 된다는 건 완전히 이성적인 존재가 된다는 뜻이에요. 도덕은 이성의 규칙에 복종해야 해요.

도덕적 선택에 따르는
결과를 따져야 한다

✳

존 스튜어트 밀의 생각

칸트의 생각은 도덕을 엄격하게 만들어요. 거짓 약속은 비도덕적이기 때문에 절대로 허용되지 않아요. 하지만 거짓 약속이 필요한 상황도 있잖아요. 지금이 1944년이고, 다락방에 유대인 가족을 숨겨 주고 있다고 생각해 보세요. 나치가 총을 들고 찾아오자, 여러분은 유대인 가족이 도망칠 시간을 벌려고 나치를 지하실로 데려갔어요. 이 선택은 도덕적이고 영웅적이기까지 해요. 하지만 칸트는 거짓 약속이나 거짓말은 항상 옳지 않다며 이를 금했어요. 칸트의 생각을 따르는 사람들은 결과를 고려하지 않아요. 그들은 도덕이 규칙을 따르는 문제임에 만족해요.

19세기 영국의 철학자 존 스튜어트 밀은 정반대로 접근했어요. 그의 시각에서 도덕적인 사람은 반드시 그들의 선택에 따른 결과를 따져야 해요. 규칙은 바람직한 결과를 가져올 가능성이 있는 정도까지만 따라요.

도덕의 바람직한 결과가 무엇일까요? 밀은 '유용성'이라고 주장했어요. 그에 따르면 가능한 한 많은 사람이 가능한 한 많은 행복을 누리는 선택을 해야 해요. 그의 시각은 종교적 윤리와 달라요. 종교적 윤리는 도덕에 대한 미래의 보상이 천국에서의 행복이라고 여겨요. 이와 달리 밀은 행복을 즐거움, 그리고 고통이 없는 상태라고 여겼어요. 밀의 시각은 쾌락주의와도 달라요. 앞에서 까뮈는 감각적인 즐거움 속에서 좋은 삶을 찾을 수 있다고 했어요. 하지만 밀이 말하는 즐거움에는 여러 단계가 있어요. 흡연 같은 감각적 추구보다 좋은 시를 읽는 지적 추구가 진정한 행복을 더 오랫동안 누리게 해 준다고 했죠.

밀은 나중에 영국 의회에서 일하면서 사람들을 돕기 위한 실질적인 방법에 관심을 가졌어요. 밀과 같은 '공리주의자'는 도덕을 '최대 다수를 위한 최대 선'으로 정의해요. 하지만 우리의 행동에 따른 결과는 운이나 통제할 수 없는 상황에 달려 있어요. 여러분이 숨겨 주려고 했던 유대인 가족이 나치가 다락방을 뒤질 거라고 생각하고 다락방 대신에 지하실에 숨었다고 쳐 보세요. 그렇게 되면 여러분의 거짓 약속은 오히려 해로운 결과를 낳게 돼요. 하지만 잘못된 예측을 했다고 여러분을 비난하는 건 애석한 일이에요. 윤리적인 이론은 '경우에 따라 규칙을 깰 용기', '나쁜 결과를 감수할 용기'를 인정하기 위하여 필요한 것이기도 하니까요.

도덕은
훌륭한 성품이다

✳

로절린드 허스트하우스의 생각

아리스토텔레스는 용기를 미덕 가운데 최고로 쳤어요. 자기 절제, 명예, 카리스마, 관대함, 자존심, 인내심, 동정심, 정직함, 위트, 중용, 공평함 등도 미덕으로 꼽았죠. 작가, 문화, 종교적 전통에 따라 다른 미덕을 꼽을 수도 있지만, 이들은 겹치는 부분이 많아요. 미덕은 도덕을 위한 토대를 제공해요. 아리스토텔레스는 이런 말을 남겼어요. "우리는 우리가 반복해서 행하는 일과 같다. 탁월함은 행위가 아니라 습관이다." 도덕적 선택은 인격과 밀접한 관련이 있어요. 도덕적인 사람이 되려면 평생에 걸쳐서 좋은 선택을 하는 훈련을 해야 해요.

훌륭한 인격은 한 면만 보고 판단할 수 없는 복잡한 것이에요. 현대 뉴질랜드의 철학자인 로절린드 허스트하우스는 훌륭한 인격을 갖추는 과정이 숙련된 요리사로부터 요리를 배우는 일과 같다고 했어요. 오믈렛 만들기를 배울 때 요리법이 있으면 도움이 되긴 하지만, 역시 가장 좋은 건 숙련된 요리사를 지켜보면서 배우는 거예요. 어떻게 터뜨리지 않고 오믈

렛을 뒤집을까요? 양념을 추가해야겠다는 생각은 어떻게 떠올릴까요? 이런 질문에 정해진 답은 없어요. 요리사는 그저 으쓱하고 웃을 거예요. 더 나아가 숙련된 요리사는 여러 명이에요. 각자 조금씩 다르게 오믈렛을 만들 거예요. 여러 요리사를 지켜보고 배우면서 몇 가지 실수도 할 거예요. 하지만 점점 성공의 경험이 늘어나면서 자신만의 스타일을 찾을 수 있게 되죠.

도덕적인 사람이 되는 일은 어떤 기술을 습득하는 일과 비슷해요. 아리스토텔레스가 중시한 기술은 중용이에요. 그는 항상 두 극단 사이의 적절한 선을 찾아야 한다고 했죠. 용기는 소심함과 성급함의 중간에 놓여 있어요. 하지만 그 중간이 어디인지를 찾는 일은 각자의 주관적 해석에 달려 있어요.

선로 위의 선택

20세기 영국의 철학자 필리파 풋의 생각으로부터

기차역의 사령실에 있다고 상상해 보세요. 창문 너머로 내려다보았더니 다섯 사람이 한 선로 위에 묶여 있었어요. 그때 마침 기차가 그들을 향해 곧장 달려오고 있었죠. 기차를 제때 멈출 수 없지만, 선로를 바꿀 수는 있어요. 하지만 손잡이를 잡자마자 옆 선로에도 한 사람이 묶여 있는 모습이 보였어요. 아무것도 하지 않는다면 다섯 명이 죽고, 손잡이를 당기면 한 명이 죽게 돼요. 어떻게 해야 할까요?

밀과 칸트는 반대의 답을 할 거예요. 밀은 손잡이를 당기겠죠. 다섯 명의 죽음은 한 명의 죽음보다 고통이 다섯 배 크면서 즐거움은 다섯 배 적으니까요. 하지만 칸트는 손잡이를 당기지 않을 거예요. 손잡이를 당기면, 무고한 사람을 죽여서는 안 된다는 도덕적 원칙을 어기게 되니까요. 여러분이라면 어떤 선택을 할 건가요? 그 이유는 무엇인가요?

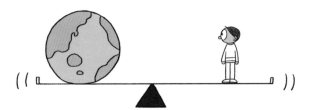

여러분은 평생 막대한 양의 자원을 사용하게 될 거예요. 이 세상은 분명 우리에게 많은 것을 주고 있어요. 우리는 이 세상에 무엇을 돌려줄 수 있을까요?

직업을 통하여 이 세상에 헌신하는 경우도 있어요. 의사나 교사 등을 떠올리기 쉽지만, 그들 말고도 많은 사람이 자신의 직업으로 이 세상에 보답하고 있죠. 어떤 사람들은 건강하고 화목한 가정을 일구는 것이 이 세상에 보답하는 하나의 방식이라 여겨요.

이런 의무감은 어디에서 올까요? 세상으로부터 받는 혜택이 익명으로 우리에게 왔다고 보는 것은 확실치 않다 여기는 사람들도 있어요. 누군가 익명으로 우리에게 좋은 것을 주었다고 해서 반드시 무언가를 돌려줘야 하는 것도 아니죠.

철학자들은 그게 무엇이든 우리가 이 세상에 빚지고 있는 것에 대하여 다양한 의견을 남겼어요.

좋은 생각을 할수록
이 세상이 좋아진다

*

공자의 생각

'세계를 바로잡으려면 먼저 나라를 바로잡아야 하고, 나라를 바로잡으려면 먼저 가정을 바로잡아야 하며, 가정을 바로잡기 위해서는 먼저 나의 생활을 충실히 가꾸어야 한다. 우리는 자신의 마음을 첫 번째로 바르게 세워야 한다.' 공자가 남긴 글이에요.

공자는 기원전 5세기경에 살았던 중국의 철학자예요. 이때 중국에서는 사람의 모든 인생이 의례로 구성되었어요. '의례'는 정해진 방식에 따라 일련의 행위를 하며 치르는 엄숙한 의식을 말해요.

대부분의 고대 사회에서처럼 중국 사람들은 태어날 때, 죽었을 때, 또 나이가 들어가면서 중요한 순간마다 특별한 의식을 치렀어요. 더 나아가 복을 받고 조상을 기르기 위한 의식도 치렀죠. 이러한 의식에는 화려한 준비물이 필요했고, 동물을 바치기도 했어요. 오늘날 문화에서는 이런 의례에 대한 인내심이 줄었어요. 하지만 아무리 냉소적인 사람이라도 삶의 의미 있는 순간을 간절히 바라는 마음은 예전 사람들과 같을 거예요.

162

공자는 자신이 속한 문화의 전통적인 의례를 받아들였어요. 놀라운 점은, 의례의 중요한 부분이 밖으로 보이는 것이 아니라 우리 마음에서 벌어진다고 강조한 거예요. 의례는 우리가 살면서 겪는 많은 사건과 사람들에 대하여 좋은 생각을 할 수 있는 기회예요. 공자는 우리가 좋은 생각을 더 많이 할수록 이 세상이 더 좋아질 거라고 믿었어요.

의례는 선택할 수 있는 게 아니에요. 그것은 의무예요. 어머니가 세상을 떠났을 때 공자는 3년에 걸쳐 어머니의 죽음을 애도했어요. 공자는 의례 속에 담겨 있는 존중하는 마음과 깊은 생각과 즐거움을 높이 평가했어요. 공자에 따르면 우리 삶은 의례의 확장이에요. 빨래를 하고, 길에서 누군가를 만나 인사하고, 나라를 다스리는 등의 모든 일은 의례와 같은 방식으로 존중하고 깊이 생각하고 즐겁게 해야 해요.

공자는 중국 전역에 걸쳐 다양한 계층의 제자들을 가르친 위대한 스승이 되었어요. 아리스토텔레스나 로절린드 허스트하우스처럼 공자도

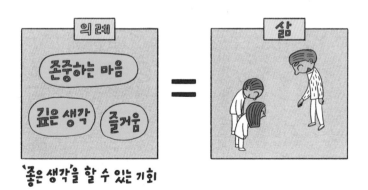

미덕을 중요하게 여겼어요. 그중 어질고, 의롭고, 예의 바르고, 지혜롭고, 믿음직함 등 다섯 가지 덕목에 초점을 맞추었죠. 이들은 우리가 지켜야 할 의식과 규범을 나타나는 '예(禮)'와 관련이 있어요. 공자는 사람이라면 마땅히 다섯 덕목을 갖춰야 한다고 강조했어요. 우리는 세상을 위하여 이러한 덕목을 갖춰야 할 의무를 지고 있어요.

우리는 신에게
모든 것을 빚지고 있다

✳

쇠렌 키르케고르의 생각

19세기 덴마크의 철학자 쇠렌 키르케고르는 우리의 마음을 바로 세우는 일이 가장 중요하고 우선이라는 공자의 생각에 동의했어요. 하지만 의식이나 규범을 의무로 여기고 따라야 한다고는 여기지는 않았어요. 그는 책임감 있는 삶을 위한 길에 세 단계가 있다고 주장하고, 최종 단계에서는 신에 대한 극단적인 헌신을 하기 위하여 의식이나 규범을 벗어날 수도 있다고 했어요.

키르케고르가 '미학적'이라 부른 첫 단계는 보통 젊은이들 사이에서 흔하고 감각적인 즐거움에 헌신해요. 앞에서 만난 까뮈의 쾌락주의를 떠올리게 하죠. 키르케고르는 항상 아름다운 풍경과 음악, 맛과 즐거움에 강하게 끌렸어요. 하지만 점차 성숙해지면서 이 단계에만 머무르지 않고 벗어날 수 있어요.

'윤리적'이라 부른 두 번째 단계에서는 성인으로서 직업을 가지고 가족을 꾸리기 시작해요. 전통을 수호하고, 좋은 시민으로서 사회에 정착

할 준비를 하는 거예요. 한때 키르케고르는 신부가 되기 위하여 수련하고 약혼도 했어요. 공자라면 이에 찬성했을 거예요. 하지만 키르케고르는 의식과 규범이 가장 높은 부름으로부터 숨는 일이라 여기고 돌연 약혼을 깼죠.

키르케고르는 세 번째이자 가장 높은 단계를 '종교적'이라 했어요. 진정한 종교는 주말마다 교회에 가고 매일 밤 기도하는 것을 뜻하지 않아요. 그런 일은 오히려 윤리적 단계에 더 잘 어울려요. 진정한 종교는 진실의 기사가 되는 것을 뜻해요. 진실의 기사는 신을 섬기기 위하여 인습에 얽매이지 않는 삶을 살려는 사람이에요. 사회에서 부적절하다고 여기거나 허용하지 않은 일을 하더라도요.

키르케고르는 진실의 기사를 설명하기 위하여 성경 속의 아브라함을 예로 들었어요. 신은 아브라함에게 그의 아들을 죽이라고 명했어요. 아브라함은 신에게 복종한 준비가 되어 있었어요. 만약 신이 제때 천사를 보내지 않았다면 아브라함은 실제로 아들을 죽였을 거예요. 키르케고르는 이 이야기가 온 마음을 다하여 신을 사랑하는 사람이 어떻게 세상을 향한 의무를 기꺼이 받드는지 그렸다고 생각했어요.

그는 신을 향한 열정이 비이성적이라 주장했어요. 맹목적이고 의심할 바 없는 헌신이 필요해서예요. 이런 주장은 9장에 나온 아우구스티누스의 신명론을 떠올리게 하죠. 아우구스티누스는 신이 아무것도 없는 상태에서 우리를 창조했다면, 우리는 모든 것을 그에게 빚지고 있다고 했어요. 이러한 종교적 헌신을 정당화할 객관적인 방법은 존재하지 않아요.

키르케고르는 이런 말을 남겼어요. "진실은 주관적이다." 이 말은 아마도 우리 각자가 가져야 하는 삶의 의미가 우리 자신을 정당화한다는 뜻일 거예요. 키르케고르는 앞서 나온 실존주의의 할아버지쯤으로 여겨져요. 진정한 길을 찾기 위해서라면 기꺼이 평범하고 존중받는 삶을 박차고 나갈 급진적인 선택의 자유를 강조했으니까요. 다른 사람이 이해하거나 동조하지 못하더라도 말이에요.

이기주의는 미덕이다

✳

아인 랜드의 생각

키르케고르는 자신의 운명을 잘 알고 있었어요. 철학자의 삶을 선택한 그는 관습적인 도덕에 대한 비판으로 악명을 떨쳤죠. 하지만 그는 자신이 세상을 떠난 뒤에도 작품이 살아남아 세상에 영향을 미칠 거라는 사실을 알았어요. 아인 랜드는 딱 이런 타입의 인물을 존경했어요. 그녀의 유일한 지적은 키르케고르가 자신의 예술적 천재성에 대한 변명으로 신을 내세운 거예요. 그녀는 신이 존재하지 않는다고 여겼어요. 그녀에 따르면 우리는 신이나 이 세상에 아무것도 빚진 게 없어요. 우리의 유일한 의무는 우리 자신이에요.

랜드는 러시아 혁명과 시민전쟁이 일어나던 시기에 상트페테르부르크에서 자랐어요. 공산주의자들에 의해 아버지가 하던 사업이 망하고 가족은 가난 속에 던져지고 말았죠. 어려움 속에서도 랜드는 대학을 졸업하고 기회가 생기자마자 미국으로 이주하여 작가가 되었어요.

그녀는 모두가 동등한 존재로서 서로를 위해 살아가는 이타적인 사회를 꿈꾸는 공산주의적 이상을 경멸했어요. 그녀의 경험은 그녀에게 인간은 생존하고 성공하려는 욕구에서 자라난 동물이라고 가르쳤죠.

우리의 이성적인 활동은 모두 자기 자신에 대한 관심에서 나와요. 그렇지 않은 척을 해도 말이죠. 우리가 보이는 어떤 이타적인 행동도 비이성적이에요. 이타적인 행동은 결국 우리 자신의 생존이나 성공을 위한 것이므로 도덕적이지도 않아요. 랜드에게 이기주의는 맞서야 할 불행한 사실이 아니라 미덕이에요.

랜드는 자본주의에 찬성했어요. 랜드가 쓴 철학 소설 속 주인공은 그녀 자신처럼 예술적 천재성을 길러 이를 세상과 나누기 위해서라면 어떤 일도 서슴지 않아요. 랜드의 책은 밀리언 셀러가 되었어요. 랜드는 누군가에게 빚을 져서가 아니라 위대한 작가가 되어 자신의 야망을 충족시키기 위해서 자신의 재능을 이 세상과 나눴어요.

그녀는 재능 있는 개인의 이기주의에서 사람들이 이익을 얻는다고 했어요. 이것이 자본주의 사회가 움직이는 이상적인 방식이라 여겼죠. 어떤 사람은 다른 사람보다 뛰어난 재능을 타고나 가치 있는 상품을 만들 거예요. 성공하려고 노력하는 사람은 누구나 자신의 행복을 성취할 수 있어요. 하지만 랜드의 시각은 인류를 추하고 부정확하게 표현했다고 강하게 비판받아 왔어요. 인간이 강한 생존 본능을 가지고 살아간다는 그녀의 생각은 맞을지도 모르겠어요. 하지만 이것이 이 세상에 다른 사람을 돕고 선하게 행동하려는 이타주의가 없다는 근거가 될까요?

이타주의는 효과적이다

✳

피터 싱어의 생각

9장에서 존 스튜어트 밀은 도덕성에서 문제가 되는 것은 행동의 결과라고 했어요. 그래서 우리는 가장 많은 사람을 위하여 가장 좋은 것을 추구하려고 노력해야 해요. 밀과 같은 '공리주의자'는 이타적이지만, 그들이 말하는 '가장 많은 사람'에는 항상 자기 자신도 포함되어 있어요.

매일 미국에서만 2만 5천 명의 사람들이 굶주림으로 죽어간다고 해요. 오늘날 호주의 철학자인 피터 싱어는 이 문제를 짧은 시간 안에 풀 수 있다고 주장했어요. 모든 사람이 수입의 일정 부분을 적절한 자선 단체에 기부하기만 하면 돼요.

싱어는 기부가 도움이 필요한 사람들뿐 아니라 기부하는 사람 자신을 돕는 일이라고 강조했어요. 이타주의는 사람들을 충족시키는 의미 있는 방식이에요. 지금 우리 사회에는 전염병처럼 우울함이나 불안함이 퍼지고 있어요. 싱어는 이타주의가 이에 대한 치료제가 될 수 있다고 했어요. 실제로 자선 활동을 하면서 자신이나 함께했던 이들이 이 세상에 변화를 만드는 일에서 행복감을 얻는 효과를 경험했다고 했죠.

싱어는 다른 사람에게 베푸는 친절과 자비가 자기 희생적이지 않아도 좋다고 했어요. 다른 사람이 이기게 하려고 꼭 내가 질 필요가 없어요. 우리는 양쪽 모두 이기는 결과를 만들 수 있어요.

또한 싱어는 인간에게만 관심을 두지 않았어요. 이타주의자는 최대한의 행복의 찾으려고 해요. '최대한의 행복'은 즐겁고 고통이 없으며 존중받는 것을 뜻해요. 인간이 아닌 다른 동물도 즐거움과 고통을 경험한다는 사실을 떠올려 보세요. 그렇다면 우리 행동의 결과를 따질 때 다른 동물도 고려해야 하지 않을까요? 육즙이 가득한 햄버거 덕분에 나는 즐겁지만, 고기를 제공한 소들은 공장형 농장의 비참한 환경에서 평생을 보내야 할지도 몰라요.

싱어는 채식주의자였어요. 종과 상관없이 다른 생명체를 존중하지 않는 건, 도덕적으로 잘못된 일이라고 여겼어요. 여기에 인종 차별이나 성 차별처럼 '종 차별'이라는 용어를 사용한 것으로 유명해요. 종 차별은 우리 사회가 인간이 아닌 다른 동물에 대하여 갖는 편견을 말해요. 싱어에 따르면 동물들도 우리 인간만큼 중요하게 여겨져야 해요.

그런데 싱어의 생각에는 모순점이 있어요. 예를 들어 전 세계의 병원에는 뇌사 상태에 빠진 사람이 수없이 많아요. 이들은 회복할 수 없는 상태이지만, 이들의 장기 가운데 일부는 다른 사람들에게 이식될 수 있어요. 최대한의 행복을 효율적으로 끌어낸다는 싱어의 주장을 떠올린다면, 고통받는 다른 사람들을 돕기 위한 자원으로 활용하려고 뇌사 환자들의 생명을 앗는 일을 허용할 수 있어요. 싱어는 병든 환자들의 고통을 끝내기 위한 안락사를 지지하기도 했죠.

싱어는 자신을 희생하지 않아도 좋다면서 우리에게 자신의 행동과 그에 따른 결과를 고민할 것을 바랐어요. 그래야 이 세계의 크나큰 도덕적 문제들을 해결할 수 있으니까요.

위험한 병원

20세기 영국의 철학자 필리파 풋의 생각으로부터

여러분이 어떤 병원의 외과 의사라고 상상해 보세요. 다섯 환자가 장기를 이식받으려고 기다리고 있어요. 두 명은 신장이, 두 명은 폐가, 한 명은 심장이 필요해요. 다섯 환자 모두 오늘 장기를 이식받지 못한다면 죽게 될 거예요. 이때 건강하고 젊은 한 남성이 발가락이 부러져서 병원에 왔어요. 여러분은 그에게 '다섯 환자를 살리기 위하여 자신을 희생할 생각이 있는지' 물었어요. 하지만 그는 당연히 이 제안을 거절했어요. 다섯 환자를 살리기 위해서 그를 죽여서라도 장기를 얻어야 할까요?

이 상황을 9장 생각 실험의 '기차 선로' 상황과 비교하여 생각해 보세요. 혹시 손잡이를 당겨서 선로를 바꾸는 선택을 했나요? 그때 여러분은 다섯 사람 대신에 한 사람이 죽는 편이 낫다고 판단한 거예요. 이번에는 어떤가요? 이번에도 건강한 남성 한 명을 죽여서 다섯 명을 구한다는 선택을 해야 할까요? 만약 아니라면, 그 이유는 무엇인가요?

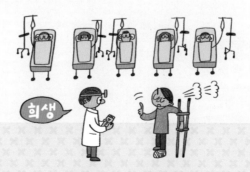

11장. 무엇이 사회를 정의롭게 만들까?

가끔 사람들은 정의를 법과 같은 것으로 생각해요. 10장의 생각 실험에 나온 병원을 두고, '장기를 얻자고 사람을 죽이는 것은 불법이에요. 절대 생각조차 할 수 없는 일이죠.'라고 말할 수도 있어요. 하지만 철학자들은 법이 무엇인지에 별로 관심이 없어요. 그보다는 법이 어때야 하는지를 고민하죠. 이건 매우 중요하고 꼭 필요한 고민이에요. 간혹 법이 정의롭지 않을 수도 있으니까요.

170여 년 전만 해도 미국에서 노예는 합법이었어요. 도망가는 노예를 돕는 행위는 불법이었고요. 도망치는 노예에게 음식이나 피난처를 제공하는 사람은 감옥에 갇히거나 벌금을 물어야 했어요. 노예 제도를 정의롭지 못하다고 여기고, 법과 제도를 바꾸기까지는 많은 사람의 용기가 필요했어요.

정말로 장기를 얻기 위하여 사람을 죽인 의사가 있다면 법은 이 의사를 정의롭지 않다고 여길까요? '정의롭다'는 건 무슨 뜻일까요? 이런 게 바로 철학적인 질문이에요. 우리는 정의에 대하여, 또 법이 정의롭지 않을 가능성에 대하여 생각해야 해요. 현재 우리 사회의 법이 정의로운지 아닌지에 대해서도요. 노예 제도처럼 당장은 지지하지만, 몇 년 뒤에 부끄럽게 여길 만한 법이 있을까요?

무엇이 사회를 정의롭게 만들까요?

계급이 정의로운 사회를 유지한다

✳

아부 나스르 알 파라비의 생각

플라톤은 정의를 '올바른 질서'라 했어요. 그리고 영혼의 이성적인 부분이 비이성적인 부분을 다스리는 것처럼 사회에서는 교육받은 사람들이 그렇지 않은 사람들을 다스린다고 했어요. 구체적으로 철학자가 왕이 되어야 한다고 주장했는데, 진정 지혜를 사랑하는 사람만이 믿을 만하고 나라를 다스리는 일처럼 중요한 책임을 질 수 있다는 거였어요. 탁월한 지배자가 되려면 영혼이 정의롭고, 무엇이 사회 구조에 가장 좋은지 잘 이해해야 해요. 불행히도 교육받지 못한 다수의 사람들은 정의를 이해하지 못하기 때문에 위대한 지배자를 알아볼 능력이 없으니 지배자에게 복종하는 훈련을 받아야 해요.

여기에서 플라톤은 '고귀한 거짓말'이라는 개념을 소개했어요. 철학자 왕들이 교육받지 못한 사람들의 복종을 받아내려면 상징적인 이야기가 필요하다는 거예요. 플라톤은 금속과 관련된 신화를 제안했어요. 신은 인간의 영혼을 만들 때 여러 종류의 금속을 섞었어요. 철학자는 금으로, 군인은 은으로, 농부는 동으로, 기술자는 철로 만들어졌죠. 이 신화는 사회가 타고난 자기 자리에 따른 계층 구조를 이루어야 한다는 뜻을 전해요.

10세기 이슬람의 철학자인 아부 나스르 알 파라비는 플라톤의 생각에 깊게 감명받았어요. 하지만 사회를 질서 있게 유지하기에는 금속 신화가 너무 약하다고 여겼어요. 완전한 종교만이 그 역할을 해낼만큼 충분히 강하다고 했죠. 그래서 알 파라비가 꿈꾼 사회에서는 종교가 철학과 비슷한 역할을 해요. 철학자 왕을 대신하는 철학자 신부가 진정한 지혜를 종교적인 은유로 옮겨서 설명하고, 이 은유가 진실이라고 교육받은 사람들은 계급 구조에 맞게 살면서 삶의 목적을 이룬다며 만족해요.

모든 인간의 목적은 지적인 탁월함을 얻는 거예요. 하지만 어떤 사람들은 다른 사람들보다 훌륭한 지적 능력을 타고나요. 철학자는 지적인 탁월함을 직접 추구하고, 군인이나 농부, 기술자는 질서가 잡힌 정의로운 사회를 위하여 꼭 필요한 일을 하며 간접적으로 추구해요. 알 파라비는 이를 우리 몸으로 설명했어요. 뇌는 신체에서 가장 훌륭한 장기이고, 심장과 위장, 폐는 모두 뇌가 제 기능을 하도록 각자 맡은 기능을 잘 수행해야 해요. 신체의 모든 부분이 힘을 합쳐야 훌륭한 사람이 될 수 있어요. 뇌가 그 사람의 능력을 직접 성취한다면, 다른 기관들은 뇌를 지원하는 역할을 통하여 간접적으로 성취해요. 사람의 신체로 정의로운 사회를 설명하는 이 이야기는 고대부터 중세 시대까지 널리 알려졌어요.

정의는 공정함이다

✳

존 롤스의 생각

플라톤의 영향을 받은 알 파라비의 정의는 불행히도 한 가지 중요한 점을 무시했어요. 바로 권력의 부패예요. 진정 지혜를 사랑하는 사람조차 지배자의 역할을 오래 하면 정의로움을 유지하지 못해요. 인류의 역사는 권력을 잡은 사람이 독재자가 된다는 사실을 여러 차례 증명해 왔어요. 어느 사회에서건 권력의 견제와 균형은 꼭 필요해요.

고대 이래로 세계는 꾸준히 민주주의를 향해 움직여 왔어요. 민주주의는 나라를 종교로부터 분리하여 권력을 나누었어요. 물론 권력의 공유가 자동적으로 정의로운 사회를 만들지는 않아요. 우리는 '민주주의 사회'라는 옷감에 계급주의나 인종 차별 등의 불평등이나 부당함이 물들어 있는 것을 여러 차례 목격해 왔죠.

20세기 미국의 철학자 존 롤스는 민주주의 사회 안에서 '정의'가 무엇인지 깊게 고민했어요. 우리는 민주주의가 허용하는 다양한 세계관을 극복하고, 어떻게 연합하여 단일한 정치 구조를 지지할 수 있을까요? 그 답을 얻기 위하여 롤스는 9장에서 살펴본 장 자크 루소의 생각에서 시작했어요. 어떤 정치적 질서도 존재하지 않는 자연 상태를 상상해 보세요. 이런 조건에서 사회 구성원들은 어떤 정부에 찬성할까요? 이론적으로 합의가 가능하다면 그 정부는 합법화될 거예요.

하지만 자연 상태를 상상하기 어렵다는 문제가 있어요. 홉스와 루소는 완전히 정반대의 의견을 내놓았어요. 우리는 인간이 홉스의 주장처럼 이기적인지, 루소의 주장처럼 협조적인지 확실히 알지 못해요. 이에 롤스는 놀라운 생각 실험을 내놓았어요. 사회 계약을 이루기 위한 처음의 입장이 되어 보는 거예요.

사회 구성원들이 협상 테이블에 앉아 어떤 정부를 세울지 투표하고 있어요. 이런 상황에서는 어쩌다 권력을 잡은 대다수가 이길 위험이 있어요. 만약 그 대다수가 백인이고 남성이며 부자라면 자신들에게 유리한 정부에 표를 던질 거예요.

그래서 롤스는 우리가 협상 테이블에 앉을 때 상상 속 '무지의 베일'을 쓸 것을 주장했어요. 베일을 쓴 사람은 자신의 인종, 성별, 종교, 나이, 계급 등을 알 수 없어요. 자신에 대하여 알 수 없다는 '무지'가 편견 없이 다른 사람들과 협상할 수 있도록 해 주죠. 어떤 사람도 자신에게 유리한 정부에게 투표할 수 없어요. 모두가 누구에게도 유리하지 않은 정부, 다시 말해 '공평한 정부'에 투표하게 될 거예요.

롤스는 무지의 베일을 쓴 사람이라면 누구나 '평등할 권리'와 '평등한

기회'라는 두 원칙에 동의할 거라고 생각했어요. 그는 정의를 '공정함'으로 정의했어요.

롤스의 생각은 두 극단 사이에서 가운데에 있어요. 알 파라비의 생각처럼 타고난 불평등이나 신성한 권리에 근거를 둔 그 어떤 종류의 계급도 거부했지만, 그렇다고 평등한 사회가 되기 위해서 민주주의를 전복시킬 필요는 없다고 했죠.

롤스는 정치적으로 진보주의자였어요. 하지만 어떤 철학자들은 진보주의가 계급 차별이나 인종 차별, 성차별 같은 구조적인 불평등을 없앨 만큼 충분히 강하지 않다고 주장해요. 이 문제에 대한 세 가지 급진적인 접근법을 소개할게요.

경쟁을 없애고 협력해야 한다

＊

카를 마르크스의 생각

19세기 독일의 철학자인 카를 마르크스의 관심은 경제적인 불평등이었어요. 마르크스는 누군가 사치품을 온몸에 두르고 살아갈 때 다른 누군가는 다음 날에 먹을 음식을 구하려고 발버둥을 치는 모습을 목격하면서 가슴이 무너졌어요. 그는 자본주의를 비판했어요.

자본주의는 사업을 소유한 사람이 개인의 이익을 위해 상품의 판매와 소비를 통제하도록 허용하는 정치 체제예요. 자본주의 뒤에는 사람들이 필요한 것을 생산하면서 돈을 벌 수 있게 하여 사회에 기여하도록 장려한다는 생각이 숨어 있어요.

어느 날 여러분은 사람들이 비를 맞기 싫어하는 것을 관찰했어요. 그리고 사람들은 갖고 다니기 편리한 우산을 원했죠. 그래서 여러분은 새로운 모자를 발명해서 시장에 내놓았어요. 사람들이 이 모자를 좋아하면 기꺼이 살 거고, 여러분은 부자가 될 거예요.

하지만 자본주의는 경쟁을 부추겨요. 여러분은 우산보다 더 나은 물건을 만들면서 우산을 시장 밖으로 몰아냈어요. 같은 방식으로 또 다른 누군가는 성능이 더 좋고 싼 모자를 가지고 여러분을 밀어내기 위해서 기다리고 있어요. 그래서 여러분은 가능한 한 가장 싸고 질 좋은 상품을 생산할 방법을 찾아야 해요.

자본주의 체제에서 가장 쉽게 경쟁하는 방법은, 어쩌면 유일한 방법은 고용한 직원에게 월급을 적게 주는 거예요. 그들을 계속 가난하지만 더 높은 월급을 요구할 수 없어요. 그들을 대체할 사람은 수없이 많거든요. 여러분의 직원들은 지루한 업무에 갇혀서 겨우 먹고살 수 있는 월급만 받게 돼요. 여러분은 사업이 망하지나 않을까 하는 스트레스를 이겨내야 하고요.

자본주의가 부유한 사람에게 이득이고 가난한 사람에게는 형벌인 것처럼 보일 수도 있어요. 하지만 마르크스는 자본주의가 양쪽 모두의 삶을 비참하게 만든다고 주장했어요.

이에 대한 마르크스의 대안은 협력을 위하여 경쟁을 없앤 공산주의적 이상향이에요. 만약 여러분이 새 모자를 떠올렸다면 여느 장인처럼 그냥 그 모자를 디자인하고 만들면 돼요. 이 체제에서는 돈을 벌 수 없기 때문에 돈을 사랑해서가 아니라 모자 만들기 자체를 사랑하는 마음으로 자신이 만든 모자를 공유할 거예요. 자신의 창의력을 자유롭게 통제할 수 있으면 다른 사람의 제품을 아무 생각 없이 생산하면서 느끼는 지루함이나, 끊임없이 경쟁하면서 느끼는 스트레스를 없앨 수 있죠.

마르크스는 공산주의가 정부 없이 기능하기를 원했지만, 소련(소비에트 연방)과 같은 공산주의 체제에 대한 역사적 실험은 일반적으로 협력을 강화하기 위해 강력한 정부에 의존했어요. 이들 정부는 부패하고 실패했어요. 하지만 그 사실 때문에 정의에 대한 마르크스의 협력적인 비전이 가치가 없이 되지는 않아요.

한 가지 예는 현대 슬로베니아의 철학자, 슬라보이 지제크예요 그는 마르크스와 함께 프롤레타리아 혁명을 추구했어요. 이는 노동자 계급이 부와 재산의 대부분을 소유한 부르주아 계급(자본가 계급)을 전복시키는 거예요. 지제크는 이 혁명의 달성이 자본주의를 지탱하는 자유 민주주의가 해체되었을 때만 가능하다고 주장했어요.

정의는 비폭력이다

✳

마틴 루터 킹의 생각

마르크스와 지제크는 급진적인 변화를 위하여 폭력을 합법적 수단으로 받아들였어요. 하지만 마틴 루터 킹 같은 사람들은 급진적이지만 평화로운 접근을 추구했어요. 킹은 미국 인권 운동의 지도자로서 1964년에 노벨 평화상을 받았어요. 기독교 성직자로서 킹이 평화주의의 많은 부분을 성경에서 가져왔다는 사실은 잘 알려져 있어요. 하지만 그가 실존주의 철학의 영향을 받았다는 사실은 덜 알려졌죠.

10장에서 만난 철학자 쇠렌 키르케고르를 떠올려 보세요. 그는 진정한 길을 찾기 위해서라면 평범하고 예측 가능한 삶에서 벗어나 선택할 수 있는 자유를 강조했어요. 설사 그 길이 남들의 이해나 좋은 평가를 받지 못하더라도 말이에요. 킹이 인종 차별에 맞서려면 키르케고르가 말한 '진실을 향한 기사의 용기'가 필요했어요. 킹은 30번이나 감옥에 갇혔어요. 제한 속도를 아주 조금 넘었다는 터무니없는 죄목으로 체포되기도 했죠. 킹에게는 지지자가 많았지만 그만큼 반대하는 사람도 많았어요.

특히 백인 우월주의자들에게 심하게 배척을 당했어요. 1956년에 킹의 집에서는 폭탄이 터졌어요. 그 뒤 1968년에 킹은 결국 암살당하고 말았죠.

이 당시 미국 남부에서는 흑인을 향한 심한 편견이 폭넓게 퍼져 있었어요. 이를 바로잡으려면 폭력만이 유일한 길처럼 보였을 거예요. 하지만 킹은 몇 가지 이유를 들며 이에 반대했어요.

첫째, 정신적 관점에서 적의 손에 의한 고통은 구원될 수 있어요. 둘째, 현실적 관점에서 폭력적 수단은 평화적 수단만큼 효과가 없어요. 셋째, 가장 중요한 철학적 관점에서 결과는 수단을 정당화할 수 없어요. 1963년, 킹은 '나에게는 꿈이 있습니다.'라는 유명한 연설을 했어요. 이 연설에서 강조한 것처럼 킹이 추구한 최종 목표는 인종을 초월한 인류애예요. 폭력적인 수단은 '사랑'이 아니라 '증오'죠.

킹의 영향을 받은 중요한 사람 중 하나는 현대 미국의 철학자 코넬 웨

스트예요. 웨스트는 킹의 '비폭력에 의한 정의'의 개념을 지지하고, 세계 정의를 위하여 좀 더 급진적인 평화를 추구했어요. 그래서 미국의 자유 민주주의에서 폭력을 용납할 수 없다고 여겼죠. 일례로 웨스트는 원래 버락 오바마 전 미국 대통령을 지지했어요. 하지만 오바마가 2009년 노벨 평화상을 받았을 때 중동 지역에서의 미군의 활동을 지지하며 평화주의에 반하는 발언을 하자 크게 실망하고 말았어요.

모두에게 정의의 손길이
닿아야 한다

✳

마사 누스바움의 생각

코넬 웨스트처럼 현대 미국의 철학자인 마사 누스바움은 정의의 개념을 세계로 확장했어요. 우리는 서로 연결된 세계 공동체에서 살아가고 있어요. 이제는 한 나라만 따로 떼어서 생각할 수 없죠. 누스바움은 성 평등을 추구하는 국제적인 여성주의 정치 활동에 활발하게 참여해 왔어요.

3장에서 키프로스의 제논은 스토아 철학의 우주 개념을 이야기했어요. 우주 전체는 하나의 살아 있는 독립체이며 세계 영혼이에요. 이후 스토아 철학자들은 이 개념을 사회 철학으로 발전시켰어요. 우리는 함께 살아가는 존재로서 서로에 대한 책임이 있어요. 4장에서 만난 스토아 철학자 에픽테토스는 이렇게 썼죠. '누군가 네게 어디에서 왔냐는 질문을 한다면, 도시나 나라 이름을 말할 게 아니라 '나는 세계 시민이다.'라고 답해야 한다.' 스토아의 사회 철학을 코즈모폴리터니즘(세계 시민주의)라고 하는데, 이때 '코즈모'는 우주를 뜻해요. 우리가 우주를 고향으로 여길 때 정의에 대한 생각은 어떻게 바뀔까요? 자신을 '신 스토아 철학자'

모두를 위한
우주 규모의 정의

로 여긴 누스바움은 우리가 동물을 포함한 모든 생명체와 자연 전체를 보살펴야 한다고 주장했어요. 이는 관심의 범위가 인류에 한정된 스토아 철학을 넘어서는 것이죠.

누스바움은 정치적으로 주로 자유주의 전통 안에서 활동했지만, 여성에 대한 불의를 다룰 때는 보다 급진적인 방식을 받아들였어요. 세계 곳곳에는 닫힌 문 뒤에서, 다시 말해 사적인 공간에서 학대받고 있는 여성들이 있어요. 자유 민주주의는 이런 행위를 규탄하고 공개적으로 맞서요. 하지만 또한 사생활을 기본권으로 지지하죠. 누구나 다른 사람을 방해하지 않는 한 자신의 사생활을 바라는 대로 누릴 수 있어야 해요. 그 결과, 자신의 어려움을 공개할 능력이 있는 여성은 도움을 받지만, 그렇게 할 수 없는 여성은 정의의 손길이 닿지 않는 곳에 남아야 해요.

누스바움은 급진적인 여성주의 법학자이자 활동가인 캐서린 매키넌의 분석을 지지해요. 매키넌은 자유주의 국가가 남성 중심으로 편향된 정부 형태일 수 있다면서 우리 모두를 위한 정의를 실현하려면 이를 벗어나야 한다고 주장했어요.

의식이 없는 바이올리니스트

<u>20세기 미국의 철학자 주디스 자비스 톰슨의 생각으로부터</u>

어느 날 아침에 일어나자, 여러분과 유명한 바이올리니스트가 정맥 주삿줄로 연결되어 있었다고 가정해 볼게요. 바이올리니스트는 신장이 중독된 상태였고, 의식이 없었어요. 여러분은 그를 돕기 위해서 납치되었어요. 유일하게 딱 맞는 혈액을 가지고 있어서죠. 그는 9개월 동안 여러분에게 붙어 있어야 해요. 그러고 나면 다시 일어나 아름다운 음악을 세상에 들려줄 수 있어요. 하지만 만약 그 전에 여러분이 그를 떼어 낸다면 그는 죽게 될 거예요. 바이올리니스트에게 살 권리가 있을까요?

톰슨은 아니라고 답했어요. 바이올리니스트는 자신의 몸으로 살 권리를 가질 뿐이지, 여러분의 몸으로 살 권리는 없기 때문이에요. 그녀는 같은 추론이 태아에게도 적용되기 때문에 정의를 위해서는 낙태가 필요하다는 결론을 내렸어요.

여러분이라면 어떻게 할 건가요? 왜 그렇게 생각했나요? 바이올리니스트에게서 주삿줄을 뺄 수 있다면, 여성이 낙태를 통하여 태아로부터 '주삿줄을 뺄 수도 있을까요? 두 경우는 어떻게 다를까요? 아니면 같은 방식으로 처리해도 좋을 만큼 같다고 보아도 될까요?

철학자들은 크게 진실, 선, 정의, 아름다움 이렇게 네 가지 가치에 대하여 논의해 왔어요. 이들 가치는 인간의 판단과 독립적으로 세상에 존재할까요? 아니면 인간이 세상에 부여한 개념일까요? 지금까지 철학자들은 객관성 대 주관성으로 나뉘어서 생각을 전개하고 양쪽 모두 설득력 있는 주장을 했어요.

오늘날 사람들은 '아름다움'에 있어선 대부분 '주관성'의 손을 들어 주는 것 같아요. '제 눈에 안경'이라는 말도 있잖아요. 하지만 정말 그럴까요? 다음에 나오는 철학자들의 생각을 읽으면 아름다움이 과연 우리가 이 세상에서 경험하는 다른 것처럼 실제인지 궁금해 질 거예요.

아름다움은 절대적이다

＊

플로티노스의 생각

우리는 아름다움이 '대칭'과 관련이 있다는 이야기를 자주 들어요. 얼굴이나 몸이 대칭일수록 더 아름답다고 많이들 주장하죠. 아름다움이 '대칭'이라는 생각은 아주 오래전부터 있었어요. 대칭이 아름다움을 판단하는 객관적인 기준이 될 수 있을까요? 기원전 3세기경 이집트의 철학자 플로티노스는 이에 반대했어요.

가장 좋아하는 색깔을 떠올려 보세요. 대칭은커녕 아무 모양도 아닌 그냥 자국이나 색깔만이어도 아름답다고 할 거예요. 값비싼 금은 어떤 형태를 취하든 널리 아름다운 것으로 여겨지죠. 번쩍하는 번개나 별이 빛나는 하늘, 타오르는 불은 어떨까요? 이들은 대칭이 아님에도 우리 마음을 경외감과 감탄으로 가득 채워요.

플로티노스는 이런 예를 통하여 우리가 아름다움으로 인식하는 그 무언가는 대칭과 동떨어진 어떤 원리에서 나온다고 생각하게 되었어요. 우리는 주변 세계에서 완벽한 대칭을 결코 볼 수 없어요. 모든 얼굴, 모든 건물, 모든 노래가 수학적 이상에 근접하더라도 항상 조금 넘치거나 모자라죠. 대칭은 가운데를 축으로 정확히 같은 부분이 서로 마주 보는 거예요. 하지만 정확하게 같은 것이 과연 존재할까요? 1장에서 본 플라톤의 '형상의 세계'에서나 가능해요.

플라톤이 주장한 것처럼 인간의 정신은 추상적인 생각을 통하여 감각의 대상을 파악해요. 하지만 우리가 어떻게 번개와 빛나는 하늘과 불이 아름답다는 것을 이해하게 되었을까요? 그들이 공통적으로 어떤 아름다움의 원리를 가졌기 때문이에요. 우리의 추상적인 생각이 공통적으로 갖는 궁극의 원리를 제공하는 그 무언가가 있을 거예요. 플로티노스는 이 궁극의 원리가 바로 아름다움 그 자체라고 여겼어요.

플로티노스에게 아름다움이란 절대적인 현실이에요. 우리가 어떤 사물을 보며 느끼는 아름다움의 정도는, 그 사물이 그 자체로 아름다움을 얼마나 드러낼 수 있느냐에 달려 있어요. 아름다움을 많이 드러내면 우리가 느끼는 아름다움도 크죠. 우리가 추하다고 부르는 것은 절대적인 현실을 잘 반영하지 못해요. 플로티노스에게 아름다움은 모든 것을 초월하는 가장 높은 가치이고, 선이며 정의이고 진실과 같은 것이었어요.

흠이 있어야 아름답다

✳

센 리큐의 생각

16세기 일본의 철학자 센 리큐는 도교의 영향을 강하게 받은 불교 '선종'을 추구했어요. 도교에 대해서는 5장과 8장에서 살펴보았어요. 선종에서는 명상과 느낌을 통하여 삶의 의미를 찾으려고 해요. 명상에서 중요한 것은 아름다움에 대한 감상이죠. 선종의 미학은 불완전함을 받아들이고, 흠을 껴안는 거예요.

리큐는 다도의 달인이었어요. 이 당시 일본에서는 보름달이 뜰 때 아름다운 장소에 모여 화려한 다기를 사용하는 다도가 인기였어요. 하지만 리큐는 반대로 작고 거친 도자기에, 이지러진 달 아래에서 혹은 흐린 날이라 잘 보이지 않는 보름달 아래에서 차를 대접했어요. 그는 진정한 아름다움이란, 불필요하고 화려한 모든 것을 제거하고 순간적인 삶의 흐름에 집중하는 것이라고 가르쳤어요.

어느 날 리큐는 저녁 초대를 받았어요. 식사 자리에서 집주인은 값비싼 항아리를 리큐에게 자랑했어요. 하지만 리큐는 항아리 대신에 창밖

흠이 있은 후에야 아름다움!

의 단풍이 든 나무를 바라보며 감탄했어요. 화가 난 집주인은 항아리를 내리쳐서 산산조각을 내고 말았어요. 하인이 와서 그 조각들을 모아 황금색 풀로 이어 붙이자, 붙인 자리에 생긴 선들이 밝게 빛났어요. 리큐는 그것을 보고서 "이제야 아름답군!"이라고 말했어요. 그 항아리는 리큐가 추구하는 바와 잘 맞았어요. 리큐의 시각에서 세상 어느 것도 지속되거나 완성되지 않고, 아무것도 완벽하지 않아요.

리큐는 이렇게 말했어요. "많은 사람이 차를 마시지만, 그 도를 모르면 차가 당신을 마셔 버릴 것이다." 이 말은 마음챙김이 정신없이 바쁘게 돌아가는 세상사에 휩쓸리지 않는 유일한 길이라는 뜻일 거예요. 리큐는 아름다움조차 아무것도 없이 비어 있는 상태가 될 때까지 단순해져야 한다고 주장했어요.

아름다움은 즐거움의 원천이다

✳

조지 산타야나의 생각

완전함과 불완전함으로 정반대의 의견을 펼쳤지만, 플로티노스와 리큐는 아름다움을 객관적인 것으로 여긴다는 점에서 같아요. 한쪽은 번갯불에 대한 고찰에서 시작하여 빛의 형태를 고찰하는 과정을 거쳐 모든 형태가 가진 절대적인 아름다움을 발견했고, 다른 한쪽은 우리 마음에서 거짓을 없애는 일에서 시작하여 불필요한 것을 걷어 내는 과정을 거쳐 마지막에는 아무것도 없는 궁극의 아름다움에 이르게 되었어요. 반대 방향이지만 둘 다 아름다움에 대하여 누구에게나 통하는 보편적인 정의가 있다고 생각하죠.

19세기 스페인 출생의 미국 철학자인 조지 산타야나는 이들과 반대였어요. 그는 아름다움을 즐거움의 원천이라고 생각했어요. 사람마다 즐거움을 주는 대상은 모두 달라요. 그래서 우리는 아름다움에 대한 보편적인 정의를 기대할 수 없어요. 아름다움의 경험이 주관적이어도 아름다움이 갖는 특수한 지위를 부정할 수는 없지만요. 산타야나에 따르면 우리 인간에게는 다른 쾌락의 경험과 구별되는 '미적 감각'이 있어요.

예를 들어 음악회에서 베토벤의 9번 교향곡을 감상하며 즐거운 경험을 했고, 집으로 가는 길에 라디오에서 흘러나오는 팝송을 들었을 때도 즐거웠어요. 하지만 아마도 팝송이 아니라 교향곡을 아름답다고 표현할 거예요. 왜일까요? 교향곡은 모두가 인정해야 한다고 느껴지는 즐거움을 주기 때문이에요. 반면에 팝송에 관해서는 각자가 다른 취향을 갖고 있다는 사실을 알고 있죠. 미술관과 호텔에 걸린 그림을 보았을 때도 그래요. 우리는 미술관의 그림보다 호텔의 그림을, 교향곡보다 팝송을 높이 평가하는 사람은 중요한 것을 놓치고 있다고 느껴요.

하지만 산타야나는 모두가 인정해야만 한다는 느낌 자체가 매우 주관적이라고 지적했어요. 문화나 교육 수준, 심리 상태에 바탕을 두니까요. 무언가를 아름답다고 평가하는 것은 모두가 그럴 거라고 기대하는 바를 확인하는 일이에요.

산타야나는 멜로디가 그냥 소리보다 아름답다고 주장했어요. 즉, 사람들은 그냥 소리보다는 멜로디에서 더 큰 즐거움을 찾으리라 기대해요. 하지만 그 기대는 종종 틀리기도 해요. 그래서 아름다움에 대한 열띤 논쟁이 생기죠. 예를 들어 리큐라면 그냥 소리를 더 좋아했을 거예요. 결국 산타야나는 모든 것이 잠재적으로 아름답다고 말한 셈이에요. 모든 것이 누군가에게 특별한 즐거움을 줄 수 있으니까요.

아름다움에 대한 사랑이
인간에 대한 사랑으로 이어진다

✳

아이리스 머독의 생각

    20세기 아일랜드 출생의 영국 철학자 아이리스 머독은 우리가 특별한 미적 감각을 가졌다고 한 산타야나의 의견에 동의했어요. 하지만 그녀에 의하면 아름다움은 단지 즐거움을 주는 것보다 더 중요한 일을 할수 있어요. 아름다움은 우리의 의식을 바꿀 힘을 가진, 자연과 예술 속에 들어 있는 그 무언가에 붙인 이름이에요.

    엉망진창인 기분으로 창밖을 멍하니 내다보고 있다고 상상해 보세요. 그때 무언가가 시선을 사로잡았어요. 날개를 둥글게 구부리고 꼬리를 펼친 채 마법처럼 공중에 떠 있는 새 한 마리였어요. 순간, 숨이 턱 하고 막히면서 잠깐 사이에 모든 것이 바뀌었어요. 울적했던 자기 자신은 사라지고, 그 새 말고는 아무것도 존재하지 않아요. 새가 먹이를 물고 날아가 버리자, 그게 무엇이었든 여러분을 괴롭히던 것은 덜 중요하게 느껴지고, 여러분은 소소한 일상의 문제로부터 해방된 것 같은 느낌이 들 거예요.

머독은 이를 '사심을 벗어난, 이기적이지 않은' 경험이라고 했어요. 10장에서 아인 랜드는 인간의 모든 이성적인 행동은 이기적이라 주장했죠. 머독은 우리가 자신의 삶에 집착하는 경향이 있을지라도 이를 미덕으로 여기는 것은 잘못이라고 했을 거예요. 미덕이 되려면 이타적인 사랑으로 인류를 바라볼 줄 알아야 해요.

우리는 자연과 예술 모두에서 아름다움을 발견해요. 하지만 머독에 의하면 예술의 아름다움은 우리에게 어떤 미덕을 불러일으켜요. 갤러리에서 새를 그린 아름다운 작품을 바라보는 순간, 작품 속의 새는 진짜 새가 하는 것처럼 우리가 이기심을 버리게 만들 수 있어요. 그와 동시에 우리를 화가나 작품을 감상하는 다른 사람들과 연결시키죠. 자연의 아름다움과의 조우도 같은 방식으로 우리를 사회적 존재로 만들어요. 하지만 이런 순간은 좀 더 고독해요. 공유하기 어려운 찰나의 순간이니까요.

자연에서든 예술에서든 우리는 자신을 둘러싼 차가운 벽을 뚫어 줄 아름다움이 필요해요. 아름다움은 사심 없는 사랑을 일깨우고 이기심을 녹일 수 있어요. 처음에는 아름다운 대상에 대한 사랑으로 시작하지만, 타인에게로 그 사랑이 옮겨 가서 마침내 인류 전체에 대한 사랑으로 퍼질 거예요.

머독은 아름다움을 사랑하는 일이 인류를 사랑하는 발판이라고 했어요. 두 사랑 모두 외부의 대상에 대한 '지나치게 감상적이지 않고 독점하지 않으며 사심 없이 거리를 두는' 특별한 종류의 관심이 필요해요. 하지만 인류를 사랑하는 것은 아름다움을 사랑하는 것보다 훨씬 어려워요. 아름다움을 사랑하는 일은 본질적으로 즐거우니까요. 아름다움에 대한 사랑에는 항상 산타야나가 강조한 즐거움이 딸려 와요. 하지만 인류에 대한 사랑에는 항상 고통이 함께하죠. 머독은 그녀의 소설 속에 이런 문구를 넣었어요. '사람은 끊임없는 불안과 아픔과 두려움 때문에 고통받는 동물이다.' 인류를 사랑하려는 노력으로 숨이 가빠오기 시작할 때 아름다움으로 숨이 멎을 수 있다는 건, 참 다행스러운 일이에요.

위작 소동

20세기 네덜란드의 화가 한 판 메이헤런은 위대한 화가인 얀 페르메이르의 작품을 그대로 복제할 수 있는 특별한 능력을 가지고 있었어요. 판 메이헤런이 얼마나 뛰어났던지 페르메이르의 작품을 소중히 간직해 오던 사람들이 자신의 작품을 잃어버렸다고 생각할 정도였어요. 실제로 많은 전문가가 판 메이헤런의 작품을 페르메이르의 가장 뛰어난 작품 가운데 하나로 평가했어요. 판 메이헤런은 위작으로 들통이 나기 전까지 엄청난 돈을 벌었어요. 처음 그의 작품이 유명한 미술관에서 페르메이르의 작품으로 전시되었을 때 기록을 깰 만큼 폭발적인 수의 관람객이 다녀갔다고 해요.

오늘날에도 다른 사람의 작품을 복제하는 경우가 종종 있죠. 하지만 그 그림이 아름답다면 누가 그렸는지가 그렇게 중요할까요? 또한, 추한 의도를 가졌더라도 여전히 아름다움을 창조할 수 있을까요?

얀 페르메이르

한 판 메이헤런

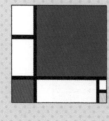

그림 그리기를 가르칠 때 우리는 아이가 얼굴의 중앙에 코를 그리지 않으면 바로잡아 주려고 해요. 이때 아마도 예술을 '모방'이라고 여기는 것 같아요. 예술이 현실 세계를 그대로 재현한 것이라고 보는 거죠.

하지만 모방은 예술이 무엇인지에 대한 매우 협소한 개념에 지나지 않아요. 18세기의 사람들은 사진처럼 정교하게 얼굴을 그리는 화가를 높이 평가했어요. 현대의 기술 덕분에 실제 세상을 세밀한 부분까지 똑같이 복제할 수 있게 되자, 이제 사람들은 예술에서 모방 이상의 무언가를 찾으려고 해요.

하지만 우리가 찾는 게 정확히 무엇일까요?

예술은 이상적인 모습을 드러낸다

✳

게오르그 헤겔의 생각

'위대한 예술'이라고 하면 우리는 흔히 미술관에 걸려 있는 유화 작품을 떠올려요. 서양 미술사에서 중요한 화가인 렘브란트 판 레인의 작품을 예로 들어 볼게요. 렘브란트는 1장에서 만난 철학자 아리스토텔레스를 그렸어요. 작품 속 아리스토텔레스는 위대한 문학 작품인 《일리아드》의 작가 호머의 조각상에 손을 뻗고 있는 모습이에요.

아리스토텔레스나 호머가 얼마나 위대한지 모르고 보아도 이 작품은 우리를 황홀하게 해요. 아리스토텔레스가 착용한 보석이나 반짝이는 옷, 우아한 자세, 지혜가 가득해 보이는 얼굴 등이 그림을 아름다워 보이게 하죠. 하지만 렘브란트가 그린 아리스토텔레스는 실제와는 거리가 멀어요. 예를 들어 역사적 고증에 따르면 복장도 시대와 맞지 않아요. 렘브란트는 아리스토텔레스의 이상적인 모습을 묘사한 거예요.

19세기 독일(프로이센)의 철학자인 게오르그 헤겔은 이에 대하여 흥미로운 설명을 했어요. 그는 이상적인 모든 추상적 생각(관념)의 공통분모가 이성이라고 여겼어요. 이성은 궁극의 실재이고, 인류에게서 완벽하게 실현되며, 우리 안에서 살아 움직여요.

헤겔은 이성을 일종의 '세계 정신'으로 여기고, 인류의 역사는 세계 정신이 서서히 나타나 절대적인 자유를 향해 가는 이야기라고 했죠. 그는 원시 예술이 얼마나 거칠게 인간을 표현했는지에 주목했어요. 고대 그리스 예술에 이르러서야 우리가 얼마나 역동적인 자기 결정을 할 수 있는지 드러나기 시작했고, 그 이후로 예술은 점차 정신의 자유를 분명하게 드러내며 인체의 움직임과 힘을 묘사했어요. 렘브란트 같은 거장들의 천재성은 이성이 주는 차분한 품위를 손상시키지 않으면서 이 자유를 묘사하는 데에 있어요.

헤겔은 렘브란트의 아리스토텔레스와 같은 모습이 우리 안의 자유를 가장 잘 일깨운다고 했어요. 예술은 우리의 이상적인 모습을 보여 주기 때문에 아름다워요. 헤겔에 의하면 우리 자신의 가장 이상적인 모습을 떠올리게 하지 못하는 그 어떤 창작물도 예술로 여길 수 없어요.

위대한 예술은 진정성이 있다

✳

레오 톨스토이의 생각

헤겔은 모방을 거부했어요. 그에 의하면 예술은 현실보다는 이상을 드러내야 해요. 19세기 러시아의 철학자인 레오 톨스토이는 대조적으로 매우 사실적인 소설을 썼어요. 하지만 그의 목표는 단지 인간성을 반영하는 게 아니라 우리를 하나로 묶는 것이었어요.

톨스토이는 예술이 두 정신 사이의 구분을 없애고 하나의 의식을 만들 수 있다고 했어요. 그렇게 해서 한 사람에게서 다른 사람에게로 감정을 전달한다고 믿었죠. 예술가는 자신이 느끼는 것을 다른 사람들에게 옮길 수 있어요. 이러한 '전염'이 가진 힘, 즉 예술의 위대함은 개성, 명확성, 진정성에 달려 있어요.

톨스토이가 말한 위대한 예술을 위한 세 가지 조건은 그의 유명한 소설 중 하나에 충분히 설명되어 있어요. 바로 《안나 까레니나》예요. 주인공인 '안나'라는 이름의 여인은 금지된 사랑에 빠져 많은 고통을 겪고 결국 달리는 기차를 향해 몸을 던지고 말아요. 톨스토이는 실제로 이미 결혼한 남자를 사랑한 나머지 달리는 기차 아래로 몸을 던진 여인에 대하여 알게 된 뒤에 이 소설을 썼어요. 그는 기차역에서 사고를 직접 목격했고, 이 경험은 그를 뼛속까지 뒤흔들었어요. 톨스토이는 그녀를 이해하고 싶었어요. 소설 속에서 안나의 머릿속에 들어가 그녀의 약점이 어떻게 그녀를 죽음으로 몰고 갔는지 보여 주려고 애썼어요.

이 작품은 복잡하고 긴 소설이에요. 마냥 멋지거나 유쾌하지도 않아요. 하지만 톨스토이가 옳다면 이러한 감정적인 투자는 가치가 있어요. 위대한 그림을 보거나 책을 읽을 때 우리는 스스로 이 작품을 만들 수도 있었다고 느낄 정도로 온전히 감동해야 해요. 예술은 우리가 자각하지 못했지만 표현했어야 했던 것들을 표현하죠.

톨스토이는 진정성을 예술적 전염에서 가장 중요한 것으로 보았어요. 그는 헤겔이 찬양한 '옛 거장의 작품' 같은 상류층 예술을 경멸했어요. 그런 예술은 부와 권력으로 인한 자만심과 허영심을 바닥에 깔고 있다고 생각했죠. 톨스토이는 예술을 통하여 공유된 감정이 도덕적으로 순수해야 한다고 여겼어요.

예술은 새로운 가치를 창조한다

✳

프리드리히 니체의 생각

소설가로서 성공했는데도 톨스토이는 자신의 작품이 스스로 세운 미학적 기준에 부합하지 않는다고 느꼈어요. 작품에서 자신이 창조한 인물을 통하여 도덕성을 공유하려고 했지만, 그 인물들은 곧잘 소설가의 통제 능력을 거스르고 걷잡을 수 없어졌어요. 예를 들어 안나의 충동적인 사랑을 비난하고 싶었음에도 강한 연민으로 그녀에 대하여 썼고, 안나는 역사상 가장 사랑받는 가상의 인물 중 하나가 되었어요. 톨스토이에게 이는 자신이 실패했다는 신호였지만, 니체라면 괜찮다고 했을 거예요.

프리드리히 니체는 예술적 성취의 모범을 고대 그리스 비극에서 찾았어요. 고대 그리스 사람들은 신화를 각색한 비극적 연극을 보려고 야외 극장에 모였어요. 고대 그리스 연극은 현대 연극과 다르게 대사와 합창이 번갈아 나오는 매우 형식적인 구조를 취했어요. 니체는 이러한 대조가 그리스 사람들에게 건강한 인생관을 형성하는 완벽한 균형을 가르쳤다고 주장했어요. 대화는 질서와 이성의 신인 아폴론의 논리를, 합창은 혼돈과 황홀경의 신인 디오니소스의 열정을 상징해요. 완전한 인간이 되려면 우리에게는 질서와 혼돈이 모두 필요해요.

니체에 따르면 서양 문명에서는 이성을 중요하게 여긴 나머지, 춤추고 노래하고 격렬하게 달리고 싶은 우리의 욕구를 무시하게 되었어요. 이성에 대한 집착은 헤겔에서 절정에 달하여, 헤겔은 이성을 우리 안에 깃든 신성으로 숭배했어요. 니체는 이러한 극단적인 이성주의를 비판하고, 창의적이고 비합리적인 충동을 되돌리는 데에 바그너의 극적 오페라나 톨스토이의 낭만적 소설 같은 위대한 예술의 도움이 필요하다고 느꼈어요.

우리는 관습적인 도덕을 거부하고 새로운 가치를 창조해야 해요. 니체에 의하면 예술의 진정한 목표는, 예술을 인간 활동의 가장 가치 있는 형태로 만드는 거예요. 니체는 기독교를 신랄하게 비판했어요. 사람들을 복종하게 만들고 그들의 잠재력이 최대한 실현되지 못하게 막는 노예 종교라면서요. 니체가 '신은 죽었다.'라고 선언한 건 유명한 사실이죠. 고대 그리스 종교로 돌아가기에는 너무 늦었기에, 새로운 문화적 이상을 위한 길을 만들고자 노력한 거예요.

니체는 우리가 우리 자신의 삶을 위대한 예술 작품으로 여기기를 바랐어요. 예술가로서 우리는 미래를 바라보며 '무엇이 될 수 있을까?'라고 질문해야 해요. 예술적인 천재만이 가능성을 상상할 수 있어요. 니체는 그런 사람을 '초인'이라 불렀죠. 초인은 독립적이고, 두려움 없이 삶을 사랑하며, 부끄러움 없이 자신의 능력을 즐기고 축하하는 사람이에요.

예술에도 성차별이 존재한다

✳

버지니아 울프의 생각

19세기는 '예술적 천재'라는 개념이 등장한 시기예요. 천재가 '타고난 재능'이라는 주장(헤겔), '부단한 노력의 산물'이라는 주장(니체)도 있지만, 톨스토이의 말에 모두가 동의하는 것 같아요. 톨스토이는 천재를 '평범한 인간의 영역을 넘어서는 효과를 만들어 내는 힘'이라고 말했어요. 19세기의 철학자 아르투어 쇼펜하우어도 천재에 대하여 인상적인 말을 남겼죠. "재능은 아무도 맞힐 수 없는 과녁을 맞히지만, 천재는 아무도 볼 수 없는 과녁을 맞힌다."

'남성이 독점하는 천재'에 대한 여성의 우려가 드러나기 시작한 건 20세기가 되어서예요. 플라톤은 여성에 대한 편견을 보이지 않았어요. 자신의 아카데미에서 철학을 공부하도록 여성을 초대하고, 여성과 남성을 모두 철학자 왕으로 동등하게 그렸거든요. 하지만 플라톤의 진보적 태도는 뿌리를 내리지 못하고, 여성이 남성보다 열등하다고 여긴 아리스토텔레스의 생물학적 시각에 가려졌어요. 이러한 시각은 오랫동안 철학, 과학, 예술에서의 성차별을 뒷받침해 왔죠.

여성이 처음으로 크게 발자취를 남긴 예술 분야는 소설이에요. 제인 오스틴, 브론테 자매들, 루이자 메이 올컷 등이 있었지만, 그마저도 발전 속도가 더뎠어요. 20세기 영국의 소설가인 버지니아 울프는 '주디스 셰익스피어'에 대한 연설에서 이 문제를 지적했어요.

주디스는 울프가 윌리엄 셰익스피어의 여자 형제가 있을 거라고 상상하여 만든 가공의 인물이에요. 주디스도 윌리엄처럼 재능을 타고났음에도 그만큼 운이 따르지 않았어요. 가족이 결혼을 강요하자 이를 피해서 도망쳤지만, 자신의 작품 활동을 도와주겠다고 약속한 남자의 아이를 갖게 되었죠. 매번 좌절감을 느낀 주디스는 끝내 자살에 내몰려요.

울프는 이 비극을 확장하여 《자기만의 방》이라는 에세이를 썼어요. 이 작품에서 그녀는 독자들에게 르네상스 시대의 주디스가 1920년대인 지금도 존재한다고 말해요. '이제 나는 단 한 마디도 쓰지 않고 갈림길에 묻힌 이 시인이 여전히 살아 있음을 믿는다. 그녀는 당신 안에, 내 안에, 그리고 오늘 밤도 접시를 닦고 아이를 재우느라 이 자리에 없는 다른 많은 여성 안에 살고 있다.' 울프는 자신의 개인적인 경험을 말하며 남성 중심 사회에서 여성이 자신의 천재성을 발견하고 위대한 예술 작품을 창조한다는 건 끝없이 어려운 일이라 했어요.

그녀는 우리가 스스로 질문하기를 바랄 거예요. '2020년대인 오늘날에도 주디스가 여전히 우리와 살고 있는지'를 말이죠.

예술은 의미 있는 경험이다

✳

존 듀이의 생각

하지만 과연 '예술적 천재'라는 개념을 처음부터 받아들여도 될까요?

20세기 미국의 철학자 존 듀이는 예술을 미술관과 콘서트장 밖으로 끄집어내서 우리의 집과 정원으로 가져오려 했어요. 그에게 예술은 희귀하고 비싼 보물이라기보다는 평범한 일상의 한 부분이어야 했으니까요.

듀이는 우리가 모두 예술 작품을 만드는 데에 약간의 시간과 에너지를 써야 한다고 믿었어요. 그것이 꼭 '위대한' 것일 필요는 없어요. 예술은 우리의 경험에 집중하여 그 경험을 더욱 의미 있게 만드는 방법이에요. 예술가의 일은 삶의 어떤 부분에 열정적으로 반응하고, 그것을 조화를 이룬 질서로 다듬는 거예요. 이는 매우 만족스러운 과정이며 우리의 행복에 중요해요.

듀이에게 예술이란 어떤 대상이 아니었어요. 우리가 '예술'이라고 부르는 대상은 실제로는 상호 연결된 경험을 위한 기준일 뿐이에요. 어린아이의 코가 없는 그림이 노련한 거장의 작품보다 우리의 경험을 더욱 의미 있게 만들 수 있어요. 예술은 우리와 예술가가 어떤 아름다움의 대상을 통해 함께 창조하는 의미 있는 경험이죠.

거장의 작품을 특별히 더 의미 있게 만들어 주는 것은, 그 빼어난 아름다움이 시대를 초월하여 수없이 많은 다양한 사람들을 연결할 때예요. 얼마나 많은 사람이 렘브란트의 그림이나 톨스토이의 소설을 즐겨 왔는지 생각해 보세요. 이들 작품에 대한 우리의 경험은 저마다 다양하지만, 작품을 통하여 하나로 뭉쳐져 우리 사이에 소중한 유대를 형성해요.

하지만 듀이는 그 아름다움에 진정으로 감동을 받을 때만 비로소 예술의 특별한 의미가 드러난다고 했어요. 단순히 유명하거나 비싸다는 이유로 작품에 추파를 던진다면 예술은 일어나지 않는다고 했죠. 그는 우리 자신의 열정을 표현하는 예술적 방법을 찾고, 다른 사람의 예술적 표현을 즐기라고 했어요. 그렇게 하면서 예술을 실현하라고 권했어요.

빨간 사각형

20세기 미국의 철학자 아서 단토의 생각으로부터

미국 뉴욕의 현대 미술관에 피터르 몬드리안의 추상화가 걸려 있다고 상상해 보세요. 그것은 어쩌면 단지 빨간 사각형에 지나지 않아요. 하지만 이 작품은 가격이 무척 비싸고 전 세계적으로 위대한 예술 작품으로 평가받죠.

확실한 건 여러분도 몬드리안의 빨간 사각형을 거의 똑같이 그릴 수 있다는 사실이에요. 여러분이 그린 것도 예술로 봐야 할까요? 현대 미술관은 여러분의 작품을 소장품 목록에 추가할까요? 무엇이 몬드리안과 여러분의 작품을 다르게 만들까요? 어떤 의미가 필요할까요?

다시 빨간 사각형을 상상해 보세요. 몬드리안의 작품이나 여러분이 그린 것과 거의 구별되지 않아요. 이것은 어느 지역의 날씨 서비스에서 제공하는 폭풍 경보 표시예요. 이 사각형은 어떤 의미를 가졌지만 예술이 아니에요. 이 표시와 몬드리안의 작품을 다르게 하는 것은 무엇일까요? 어떤 예술적 의도가 필요한 걸까요?

네 번째 빨간 사각형도 역시나 앞의 세 개와 구분되지 않아요. 이것은 어느 젊은 예술가가 그린 그림이에요. 그리 유명하지 않은 갤러리에 걸려 있죠. 예술적인 의도를 지녔지만 위대한 작품으로 높이 평가받지는 않아요. 왜일까요? 우리는 예술적 가치를 어떻게 판단하고 결정할까요?

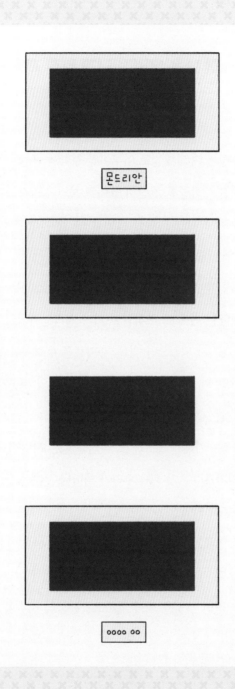

몬드리안

oooo oo

더 나은 우리가 되기 위한 지혜

이 책에서 우리는 여러 빛깔로 이루어진 철학의 공간을 폭넓게 여행했어요. 우리가 살펴본 생각들을 찬찬히 돌이켜 보면 철학자들이 기본적으로는 모두 같은 일을 해 왔다는 사실을 확인할 수 있어요. 철학은 삶에 대한 가장 심오한 질문에 답을 찾는 일이에요.

이렇게 폭넓게 이야기하는 책의 단점은 겉면을 스치듯이 가볍게 내용을 접할 수밖에 없다는 거예요. 하지만 여기가 시작점이에요. 이 책이 철학에 관심을 가지는 계기가 되었으면 해요. 흥미로운 생각이나 철학자에 대해서 좀 더 알아보세요. 이 책에 나온 철학자들이 미래의 누군가가 자신들의 생각에 관심을 가지는 걸 안다면 얼마나 즐거워할까요?

우리 모두에게는 지혜가 필요해요. 우리는 다른 사람의 시각을 고려하면서 더 나은 우리가 될 수 있어요. 우리가 얼마나 오래 살든, 얼마나 많은 것을 발견하든 충분히 의미 있는 일이에요.

철학이 우리 인류가 고귀한 종이 되는 걸 도울까요? 다른 동물보다 고귀한 종이 되는 게 가치 있는 목표일까요? '고귀한 종'이라는 건 어때야 할까요? 그렇게 되려면 무엇을 해야 할까요? 찬찬히 시간을 두고 한번 생각해 보세요!